拓展训练

全民健身项目指导用书

郑秀丽　林立权◎主编

吉林出版集团股份有限公司　全国百佳图书出版单位

图书在版编目（CIP）数据

拓展训练 / 郑秀丽，林立权主编. -- 2 版. -- 长春
: 吉林出版集团股份有限公司, 2010.2(2024.8 重印)
全民健身项目指导用书
ISBN 978-7-5463-2400-5

Ⅰ. ①拓… Ⅱ. ①郑… ②林… Ⅲ. ①体育锻炼 – 基
本知识 Ⅳ. ①G806

中国版本图书馆 CIP 数据核字(2010)第 028391 号

全民健身项目指导用书

拓展训练
TUOZHAN XUNLIAN

主　　编	郑秀丽　林立权	
责任编辑	关锡汉	
封面设计	吕宜昌	
开　　本	650mm×960mm　　1/16	
印　　张	8	
字　　数	60 千	
版　　次	2010 年 2 月第 2 版	
印　　次	2024 年 8 月第 4 次印刷	

出版发行	吉林出版集团股份有限公司
地　　址	吉林省长春市福祉大路 5788 号
邮　　编	130000
电　　话	0431-81629968
电子邮箱	11915286@qq.com
印　　刷	三河市金兆印刷装订有限公司
书　　号	ISBN 978-7-5463-2400-5　定　价　39.80 元

序 言

自 1995 年我国政府推出《全民健身计划纲要》以来，我国群众性体育活动蓬勃发展，取得了显著的成绩。2008 年，举世瞩目的北京奥运会的成功举办，极大地激发了亿万人民群众的体育热情，增强了全社会的体育意识，营造了浓厚的全民健身氛围。面对这样的可喜局面，群众体育科研、教学工作者应义不容辞地为社会实践服务，从不同角度思考，如何使普通百姓通过简而易行的身体锻炼方式、方法和手段达到良好的健身效果，达到拥有健康的目标，从而享受生活、享受快乐人生。该书系就是在这样的思想指导下诞生的。

本书系能够顺应国家体育的大政方针，掌握时代脉搏，对指导大众健身，使大众掌握健身方法和手段有很好的促进作用。

本书系图文并茂，实用性强，分为球类运动、体操健身运动、传统武术、冰雪运动、水上运动、体育舞蹈、休闲运动、格斗运动、民间体育活动和极限运动等十大类项目，计 100 分册，按照统一的体例，力争有所创新。每册的具体内容为该项目的起源与发展、运动保健、基本技术、运动技巧、比赛规则等，使读者在学习过程中，不仅能够学会运动健身的方法，同时还能够学到保健方面的基本知识。

　　经国务院批准，自 2009 年起，将每年的 8 月 8 日定为"全民健身日"。《全民健身项目指导用书》的出版，必将为开展全民健身活动起到积极的推动和指导作用。

目录 CONTENTS

目录 CONTENTS

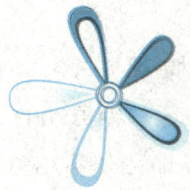

第一章 概述

拓展训练,英文名为 Outward Bound,又称体验式培训,主要是指利用自然环境,通过精心·设计的活动,达到磨炼意志、陶冶情操、完善人格、熔炼团队的培训目的,即提升职业品质。

第一节

起源与发展

拓展训练起源于第二次世界大战时期的英国,最初是用来培训海军生存力与作战意识的,后来逐步发展成为企业的培训课程。

第二次世界大战时期,德军潜艇埋伏在大西洋海底,攻击盟军补给运输船队,致使盟军船只下沉、船员纷纷落水,由于海水冰冷,且远离陆地,造成大量水手牺牲,只有一小部分人生还。后来人们发现,那些生还者并不都是体能最好的人,但却都是求生意志最顽强的人。

一些心理学家和军事专家通过研究得出结论:当灾难来临的时候,决定一个人生存最关键的因素不是体能,而是个人的心理素质和意志。于是汉思等人创办了"阿伯德威海上学校",除了训练海军的体能外,主要是通过一些情景模拟的科目,对海军的生存能力、作战意志及团队合作能力进行训练。

战争结束后,拓展训练的独特创意和训练方式逐渐被推广开来,训练对象由海员扩大到军人、学生、工商业人员等群体。训练目标也由单纯体能、生存训练扩展到心理训练、人格训练、管理训练等。

这种利用户外自然环境对人们进行培养的拓展训练方式很快演变为一种面向现代社会的户外训练方式,并受到人们的普遍欢迎,在世界各地广泛传播开来。

拓展训练于 20 世纪 70 年代传入美国,之后又进入亚洲,香港称

之为"外展"。1995年,这种培训形式经由台湾、香港传入中国大陆,Outward Bound 被翻译为"拓展训练",引领国内体验式培训的蓬勃发展。

近几年来,拓展训练得到了迅速发展,不断受到企业推崇,逐渐被列入国家机关、外企、大中型现代企业和一些私营企业的培训课程。目前,拓展训练在国内可分为两大类型:一种是以场地式培训为主的拓展训练,一种是以自然环境为主的野外拓展训练。

发展趋势

拓展训练是一项集个人项目和集体项目于一体,挑战自我的新兴时尚运动。它除具有独特的教育功能外,还具有突出的运动功能。通过拓展训练,练习者能够充分认识自身潜能,增强自信心,改善自身形象;克服心理惰性,磨炼战胜困难的毅力,提高解决问题的能力。同时,拓展训练还有助于增进练习者认识群体的作用,学会关心他人,增强团队合作意识等。

由于拓展训练主要是通过体验的方式进行,与日常的生活环境有较大的差别,对大众有巨大的吸引力,尤其适合于中青年健身爱好者。作为中国登山协会围绕"全民健身计划"推出的一种新的运动项目,拓展训练已经成为全民健身项目的重要组成部分。

第二节

场地和装备

拓展训练项目繁多,又多利用户外的自然环境开展,因此,根据不同的拓展训练内容,需选择不同的场地和装备。

场地

拓展训练主要由水上、陆地和空中三类场地的课程组成。

水上

水上课程包括游泳、跳水、扎筏、划艇等。游泳、跳水场地主要是游泳馆与标准安全的跳水馆,扎筏、划艇等场地主要是户外的河流、湖泊等有一定开展条件的地方。

陆地

陆地包括野外和基地两种。

野外

野外课程包括远足露营、登山攀岩、野外定向和户外生存技能等,不同的课程内容,所选择的场地也不同。

远足露营

远足露营场地最好选在比较安全的野外,即离水源较近,没有野兽出没,露营途中道路没有太大危险的地点。

登山攀岩

登山攀岩场地最好选在基地人工攀岩岩壁,如果条件与安全措施允许,也可以在适合的岩石山上开展。

野外定向

野外定向对场地没有严格的要求,但是场地必须够大,并且不能太空旷,要有一定的视线障碍物。如果在森林里进行,要有一个明显的高建筑物或者高标志物,防止迷路。

户外生存技能

户外生存技能场地最好选在野外资源丰富的地方,要靠近水源,并且要提前把有害、有毒的野外食物清理掉。

基地

基地课程包括穿越电网、毕业墙、齐心石、信任摔等,是在专门的训练场地,利用各种训练设施开展的各种团队合作活动。

空中

空中课程包括巨人梯、天使之手、断桥、空中单杠等,是在专门的训练场地,利用各种高空训练设施开展的挑战极限、提高自信的心理训练活动。

装备

参加拓展训练对装备有一定的要求,这些要求都是根据拓展训练的特点确定的。此外,由于拓展训练的一部分场地课程要求完成攀登、跳跃、行进、下降等动作,为了确保安全,须使用专业登山器材作为保护装备。所有登山器材至少应遵循 UIAA(国际登山联合会标准)或 CE(欧洲标准)中的一个;绳索和头盔要求必须有 UIAA 认证,并严格遵守器材的检查和更新制度。

服装　见图 1-2-1

应选择适合于户外活动的休闲服、运动服等。女生不要穿裙子、高跟鞋、阔脚裤、吊带衫、特低领衣服等;不要穿牛仔裤及紧身裤。

图 1-2-1

 鞋 见图 1-2-2

应选择适合于户外活动的运动鞋。切勿穿皮鞋或凉鞋。

概述

图 1-2-2

保护装备

 主绳 见图 1-2-3

动力绳有一定的延展性,能有效承受攀登者坠落而产生的冲坠力却又不会对人体造成伤害。直径 9.5～12 毫米,常用为 10 毫米或 10.5 毫米,抗拉力 22～30 千牛,弹性系数 6%～8%。

静力绳延展性极小,不能用于保护可产生冲坠的攀登,主要用于下降和探洞。直径 9.5～12 毫米,常用的为 10 毫米或 10.5 毫米,抗拉力 22～30 千牛,弹性系数约为 0。

图 1-2-3

安全带 见图1-2-4

安全带用于承载因攀登者脱落或下降而产生的重量和冲力。

图1-2-4

 铁索 见图1-2-5

安全带与保护绳的连接,至少可承受20千牛的负荷。

图1-2-5

下降器 见图 1-2-6

　　下降器是在保护和下降过程中，通过与保护绳之间产生的摩擦力，来减小操作者所需的握力。下降器有 8 字环和 GRIGRI 等几种，用于下降操作和救援等；承受接力不小于 20 千牛。

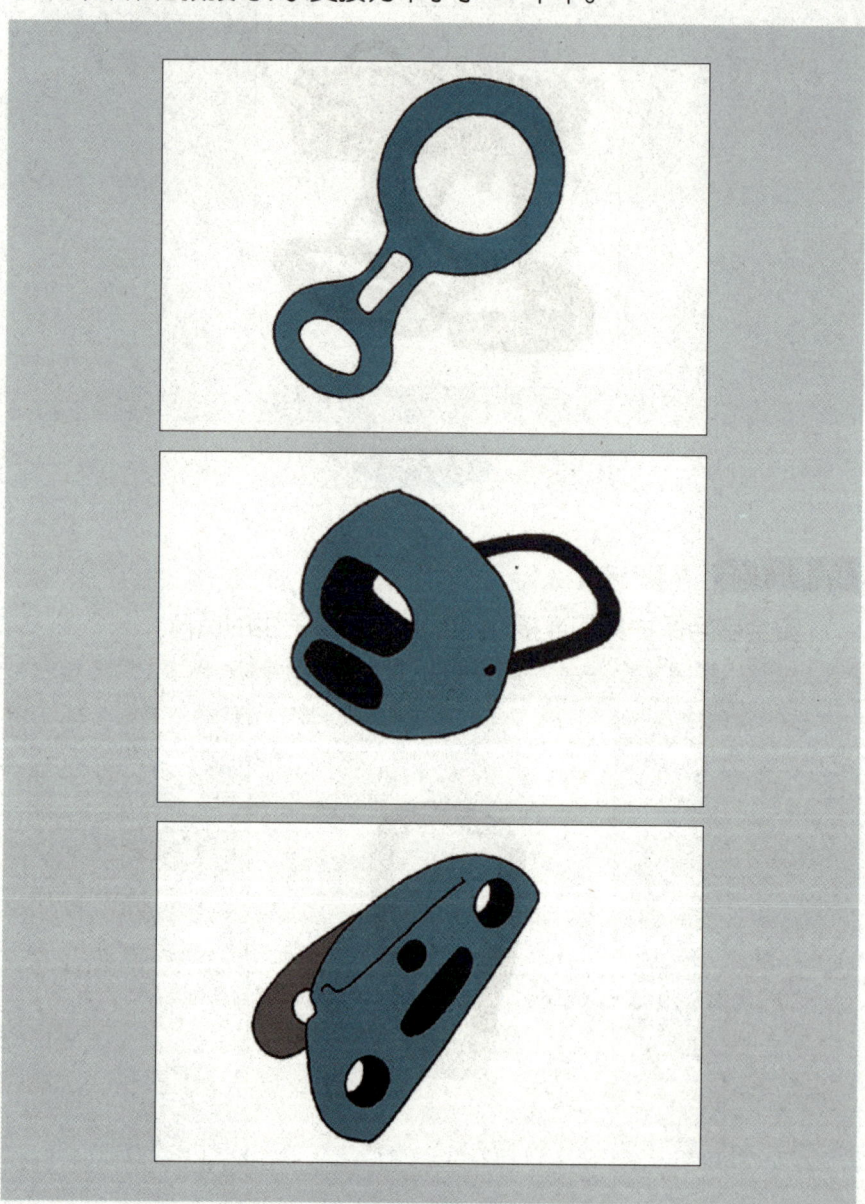

图 1-2-6

 **上升器** 见图 1-2-7

　　上升器上利用倒齿与绳索的单性咬接,使其在正常状态下能在绳索上向上运动,起到顺绳上攀和固定保护下降作业者的目的。上升器的承受接力不小于 5 千牛。

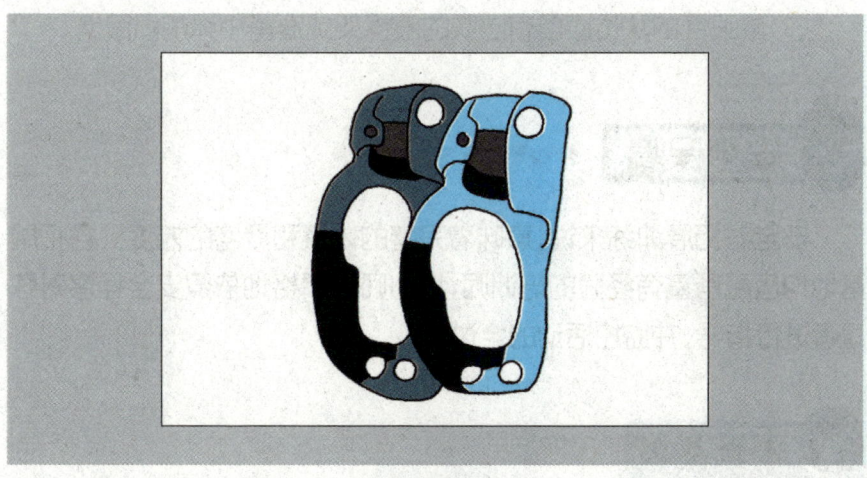

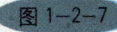

图 1-2-7

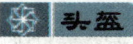 **头盔** 见图 1-2-8

　　头盔用于保护攀登者的头部,是不可或缺的必备装备。

图 1-2-8

 其他要求

（1）要将头发尽量梳起，以免发生意外。

（2）在训练过程中不要随身携带手机、钥匙、首饰等物品。

（3）戴眼镜的队员应备有防跌的眼镜架或准备小绳加固眼镜。

 安全保障 ◆◆◆◆◆◆◆◆◆◆

安全对拓展训练来说，意味着完善的体系和严密的制度。各拓展基地均应配备富有经验的培训师，培训师将严格地依照安全程序对练习者进行指导，并监控活动的全过程。

▼ 安全原则

❄ 双重保护原则

课程设计时所有需要安全保护的训练项目，都必须进行双重保护演练，要求其中任意一种保护方法均足以保证在实施过程中练习者的安全。

❄ 器械备份原则

任何需要安全防护的地方及器械都要有备份，确保万无一失。

❄ 多次复查原则

所有的安全保护器械要合理使用，训练过程中部分保护器械要多次检查，消除操作失误的可能性；训练完成后必须再复查一遍，确保万无一失。

❄ 全程监护原则

培训师要对项目进行中可能遇到的安全问题进行全程监护，将所有隐患消除在萌芽状态中。

　　各拓展训练场地均应为练习者申办保险，如在项目活动中参训队员发生意外伤害，培训师和基地负责人会协同参训公司组织者，根据队员伤害程度，第一时间进行处理或到就近医院治疗，并以最快速度通知保险公司进行理赔。

第二章 运动保健

　　体育运动对增强体质、预防疾病和促进健康具有良好的作用。但是,并非所有人从事相同的运动都会达到同样的效果。对于同一种运动负荷,不同人机体的反应差异是很大的,即使同一个体,在不同时期、不同机能状态下,对同一负荷的反应及效果也是不一样的。因此,对于不同个体,应制定适合其机能需要的运动强度、时间、频率和持续周期。从事体育锻炼一定要讲究科学性,使机体最大限度地获得运动价值,使某些疾病得到有效的防治。

第一节
自我身体评价

　　自我身体评价是指根据个体的不同情况以及简单的功能评定标准，对锻炼者进行身体评价，并以此为依据，确定具体的锻炼内容。

适宜人群

　　体适能是全身适应性的一部分，是人体精神和体力对现代生活的适应能力。为了促进健康，预防疾病，提高生活质量和工作学习效率，几乎所有人都可以追求健康体适能，而且经过简单的评价和测试，均可以成为目标人群，即适宜人群。

健康体适能评价标准

　　健康体适能是指身体有足够的活力和精力处理日常事务，而不会感到过度疲劳，并且还有足够的精力去享受休闲活动和应对突发事件。

　　健康体适能是确定锻炼者是否为运动适宜人群的主要依据。目前的评价标准主要包括国民体质测定标准、学生体质测定标准和普通人群体育锻炼标准等。

　　国民体质测定标准主要包括形态指标、机能指标和素质指标 3 个部分，各项指标的测定结果均为 1～5 分，共 5 个级别。凡各项指标达不到 4 分或 5 分者，均应被纳入健身人群。

　　学生体质测定标准分为优秀、良好、及格和不及格 4 个级别。优秀水平以下者，均应被纳入健身人群。

　　普通人群体育锻炼标准分为 5 个级别，凡达不到 4 分或 5 分者，均应被纳入健身人群。

简易运动功能评定

简易运动功能评定的目的在于确定锻炼者有无运动禁忌症或临时运动禁忌的情况，即是否适合参加体育锻炼，以达到防备万一、避免意外事故发生的目的。目前通行的方式为3分钟踏台阶测试。

目的

测试锻炼者运动后心率恢复的情况，以评估其心肺功能。

器材 见图2-1-1

30厘米高的长凳、节拍器、秒表和时钟。

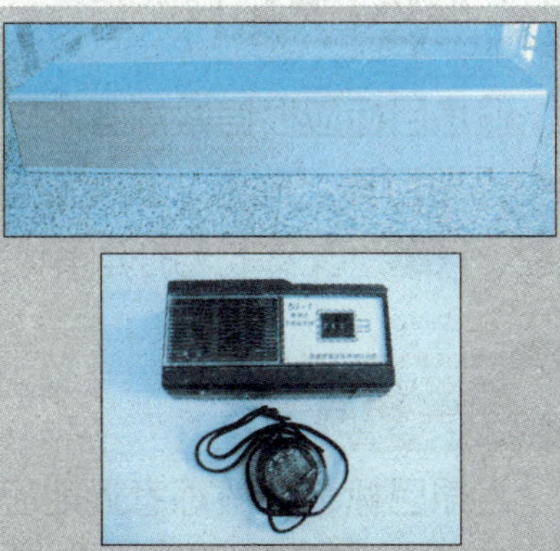

图2-1-1

步骤 见表2-1-1

（1）节拍器设定为每分钟96次，锻炼者依"上上下下"的节拍运动3分钟。

（2）锻炼者完成3分钟踏台阶后，5秒钟内开始测量其脉搏，时间为1分钟，记录其心率，并依据下表评价其功能水平。

（3）运动后心率越低，证明其心肺功能越好。在运动强度允许的范围内，锻炼者可选择运动强度的较高值来进行运动。

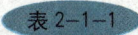

表2-1-1　3分钟踏台阶测试评价表

	年龄(岁)	欠佳(次)	尚可(次)	一般(次)	良好(次)	优异(次)
男士	18~25	>115	105~114	98~104	89~97	<88
	26~35	>117	107~116	98~106	89~97	<88
	36~45	>119	112~118	103~111	95~102	<94
	46~55	>122	116~121	104~115	97~103	<96
	56~65	>119	112~118	102~111	98~101	<97
	65+	>120	114~119	103~113	96~102	<95
女士	18~25	>125	117~124	107~116	98~106	<97
	26~35	>128	119~127	111~118	98~110	<97
	36~45	>128	118~127	110~117	102~109	<101
	46~55	>127	121~126	114~120	103~113	<102
	56~65	>128	118~127	112~117	104~111	<103
	65+	>128	122~127	115~121	101~114	<100

如锻炼者经过努力仍无法达标，或出现头晕、胸闷、出冷汗等症状，应立即终止测试。运动中应特别考虑运动强度，以防止出现意外。

锻炼目标

锻炼目标应根据锻炼者不同的身体状况来确定，可分为近期目标和远期目标。此外，确定锻炼目标还应结合锻炼者的运动意向、愿望、兴趣，以及本人的健康状况、疾病程度等因素来进行。

近期目标

近期目标是指锻炼者近期应达到的目标。在进行运动之前，应首先明确锻炼目标，即近期目标。选择一两个健康体适能构成要素，作为未来两个月内努力完成的目标，而且应从成功概率较高的构成要素开始，并将预期两个月后要达到的目标做上记号，如提高某个或某些关节的活动幅度，增强某个肌肉群的力量等。

远期目标

远期目标是指锻炼者最终要达到的目标。实践证明，经过科学合理的锻炼后，锻炼者是可以达到一般的远期目标的，如提高心肺功能，使其达到优秀的等级，或达到降血脂、防治高血压和冠心病的目的等。

运动负荷

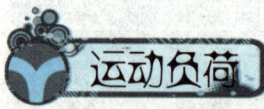

运动负荷即运动量。怎样控制运动量，合适的运动时间是多少等，一直是人们争论不休的问题。但有一点是可以肯定的，那就是任何有关身体活动的意见和建议，都需要综合考虑锻炼者的身体状况和所要达到的目标，并以此为依据来制订科学的身体锻炼计划。

运动强度

在运动过程中，运动强度过小，则无法达到锻炼的效果；运动强度过大，不仅达不到最佳的锻炼效果，还可能产生一些副作用，甚至出现意外事故。确定运动强度有两种方法，即心率简易推测法和主观感觉疲劳分级表推测法。

心率简易推测法

（1）年龄在 20 岁左右的年轻人，身体健康，能坚持体育锻炼，欲进一步提高身体机能，可取最大心率值（最大心率值＝220－年龄）的 65%～85%。

（2）年龄在 45 岁以下，身体基本健康，有运动习惯者，开始进行健身锻炼，可取最大心率值的 65%～80%，没有运动习惯者，开始进行健身锻炼，可取最大心率值的 60%～75%。

（3）年龄在 45 岁以上，身体基本健康，有运动习惯者，开始进行健身锻炼，可取最大心率值的 60%～75%，没有运动习惯者，建议根据自身情况咨询专业人员来指导和确定运动强度。

主观感觉疲劳分级表推测法　见表 2-1-2

运动的疲劳程度大致分为 10 级，具体为：0～1 级，没感觉；2～3 级，尚轻松；4～5 级，稍累；6～7 级，累；8～9 级，很累；10 级，精疲力竭。因此，健身锻炼的运动强度应控制在主观感觉疲劳程度的 4～7 级。

表 2-1-2　主观感觉疲劳分级表

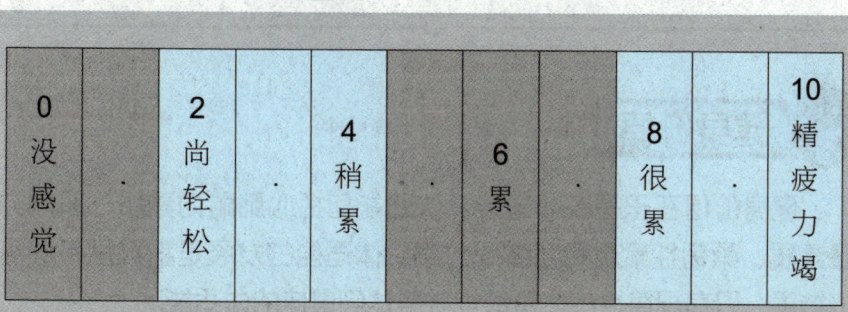

 **运动频率**

运动频率是指每日及每周锻炼的次数。一般每周锻炼 3~4 次，即隔日锻炼 1 次即可。有充足的休息时间，可使机体得到充分的休息，收到更好的锻炼效果。

 运动持续时间

运动强度和运动持续时间，决定了一次锻炼的运动量和热量消耗。运动持续时间与运动强度成反比，运动强度大，运动持续时间可相应缩短，运动强度小，则运动持续时间应相应延长。

一般的健身锻炼，运动持续时间以每天 20~60 分钟为宜，其中包括准备活动时间、健身锻炼时间和整理活动时间。每次健身锻炼应在 20 分钟以上，锻炼可一次性完成，也可分段进行，但每段的活动时间应在 10 分钟以上。

第二节

运动价值

运动价值是人们一直在探讨的问题。一般认为，运动具有两方面的价值，即健身价值和心理价值。身体和精神的健康是相互依存的，伴随着身体功能的改善，精神状况也能同时得到改善。

 **健身价值**

健身价值在于提高体适能。体适能包括心肺耐力素质、肌肉力量素质、柔韧性素质和身体成分等。体适能的发展是积极从事锻炼的结果，只有规律性的体育锻炼才能达到最佳的体适能。

提高心肺耐力素质

心肺耐力是指全身肌肉进行长时间运动的持久能力，是体内心肺系统对身体各细胞的供氧能力。人体的心脏、肺、血管、血液等组织的功能是心肺耐力的基础，它们与氧气和营养物质的输送以及代谢物的清除有关。健全的心肺功能是健康的基本保证。

系统的体育锻炼，可以使心肌增厚，收缩力加强，心室容积增大，从而使心脏的泵血功能增强，表现为心血输出量增加。

系统的体育锻炼，呼吸系统机能也将得到提高，表现为呼吸肌的力量增强，肺活量、肺通气量明显增加，保证对机体供氧的能力。

系统的体育锻炼，可以促进血管系统的形态、机能和调节能力产生良好的适应力，从而提高机体的工作能力。

系统的体育锻炼，可以使血液系统产生某些适应性变化，如血容量增加、血黏度下降、红细胞膜弹性增强和红细胞变形能力增强等。

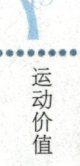

提高肌肉力量素质

肌肉力量是指肌肉最大收缩产生的对抗阻力或负荷的能力。肌肉力量只有达到一定的程度，才能克服外界阻力，而克服外界阻力是维持日常生活自理、从事各种劳动和运动的必要前提。

系统的体育锻炼，可以提高肌肉的生理横断面积，可以改善神经系统对肌肉收缩的支配功能，还可以提高肌肉内代谢物质的储备量，使肌肉力量得到提高。

提高柔韧性素质

柔韧性是指人体各关节的活动幅度，即关节的肌肉、肌腱和韧带等软组织的伸展能力。柔韧性对于保证正常生活质量、维持正常体态、预防损伤发生和减轻损伤程度等方面均起到至关重要的作用。

系统的体育锻炼，还可以延缓因年龄因素而导致的柔韧性下降，预防因缺乏运动而导致的关节结构、周围软组织和膝关节肌肉退化，从而使锻炼者的日常生活、劳动和运动等更加充满活力。

改善身体成分

身体成分是指人体体重中的脂肪组织和去脂组织的重量百分比。身体成分中的脂肪成分增加，肌肉成分必然下降。身体中不具备收缩功能的脂肪组织增加，必然导致身体进行各种活动的能力下降，基础代谢水平降低，肥胖症、冠心病、高血压、糖尿病、高血脂等慢性疾病发病率的提高。因此，身体成分是保证人体健康的重要内容之一。

通过系统的体育锻炼，随着锻炼者体质的增强，热量消耗便随之增加，进而燃烧掉体内多余的脂肪，使身体成分得到改善。而身体成分的改善，又可以减少体重对关节可能带来的不利影响，还可以使肥胖者的心理状况得到改善，增强其自信心，使其逐步建立起健康的生活方式。

心理价值

研究证明，有规律的体育锻炼不但可以使锻炼者增强体质、促进身体健康、预防一些慢性疾病，还可以提高锻炼者的生活满意度和生活质量，对其心理健康产生积极影响。

体育锻炼的心理健康效应主要表现在六个方面：

改善情绪状态

短期效应

研究发现，体育锻炼对人的情绪状态具有显著的短期效应。运动后人们的焦虑、抑郁、紧张和心理紊乱等症状会明显减轻，而精力和愉快程度则明显增强。而且这种情绪的迅速变化，与锻炼者个体的健康状况、活动形式和活动强度等有着直接的联系。

 长期效应

体育锻炼对人情绪的长期效应有着直接的影响，与不锻炼者相比，有规律的锻炼者在较长时期内很少会产生焦虑、抑郁、紧张和心理紊乱等情绪。

 完善个性行为特征 见表 2-2-1

人们的行为特征一般可以分为两种类型，用 A 型行为特征和 B 型行为特征来表示。A 型行为特征主要表现为性情急躁、争强好胜、容易激动、整天忙碌和做事效率高等。B 型行为特征主要表现为不好竞争、不易紧张、不赶时间、对人随和、喜欢自由自在等。具有 A 型行为特征的人由于过度紧张的情绪反应，会引起内分泌失调，增加心脏病发病的概率。目前的一些研究主要集中在体育锻炼对改变 A 型行为特征的作用方面。研究结果表明，有规律的体育锻炼能明显改变 A 型行为特征。

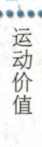

表 2-2-1 A、B 型个性行为特征常见表现

A 型行为特征者常见表现	B 型行为特征者常见表现
约会从来不迟到	对约会很随便
竞争意识很强	竞争意识不强
别人要讲话时总爱抢先或插话	是别人讲话时很好的听众
总是匆匆忙忙	即使有压力也从不匆忙
等待时缺乏耐心	能够耐心等待
干事时全力以赴	处事漫不经心
同时想干很多事	在一段时间里只干一件事情
讲话喜欢用加强语气，甚至敲桌子	讲话语速缓慢、不慌不忙
做了好事希望能得到别人的认可	只要自己满意即可，不管别人怎样想
吃饭、走路都很快	做事情很慢
不善与人相处	为人随和
容易暴露自己的感情	能控制自己的感情
具有广泛的兴趣	没什么业余爱好
雄心壮志	满足于目前的工作和学习状况

确立良好自我概念

自我概念是指个体对自己身体、思想和情感的主观整体评价，它由许多自我认识组成，包括我是什么人、我主张什么和我喜欢什么等。

坚持体育锻炼，可以使锻炼者体格强健、精力充沛、提高驾驭身体的能力，从而改善对自身的满意程度，确立良好的自我概念。

 改变睡眠模式

根据脑电图的显示，人的睡眠可以分为两种状态，即慢波睡眠状态和快波睡眠状态。前者为浅度睡眠状态，后者为深度睡眠状态。一夜之间两种睡眠状态会交替发生 4～5 次。

有规律的体育锻炼不仅对慢波睡眠有促进作用，而且能缩短入眠的潜伏期，并延长睡眠的时间。

 改善认知能力

体育锻炼还能改善人的认知过程，避免反应时间过长、注意力不集中和思维混乱等症状的发生，尤其对老年人的认知能力改善效果更为明显。

 增加心理治疗效应

体育锻炼被公认为是一种心理治疗的好方法。目前人群中常见的心理疾患是抑郁症和焦虑症。研究发现，体育锻炼是治疗抑郁症的有效手段之一，抑郁症患者经过有规律的体育锻炼，抑郁症状能明显减轻。

体育锻炼还具有治疗焦虑症的作用，通过有规律的体育锻炼，可以使锻炼者的焦虑症状明显改善。

运动保护

在运动过程中，人体机能会随时发生变化。因此，应针对这种机能变化的特点来进行体育锻炼，也就是我们所说的运动保护。运动保护一般包括运动前准备、运动后放松和自我养护三个方面。

 ## 运动前准备

准备活动是指在正式运动之前进行的有目的的身体练习。做好充分的准备活动，可以缩短机体进入最佳状态的时间，同时还可以预防运动损伤的发生，为机体发挥最大的工作效率做好功能上的准备。

▼ 准备活动的作用

❀ 提高中枢神经系统兴奋状态

(1)使大脑反应速度加快，参加活动的运动中枢神经相互协调。

(2)为正式运动时生理机能达到适宜程度提前做好准备。

❀ 提高机体代谢水平

(1)准备活动可以使锻炼者体温升高，降低肌肉黏滞性，使肌肉的伸展性、柔韧性和弹性增强，从而有效预防运动损伤的发生。

(2)准备活动可以增强体内代谢酶的活性，使物质代谢水平提高，以保证运动时有较充分的能量供应。

❀ 克服内脏器官生理惰性

(1)准备活动可以提高心血管系统和呼吸系统的机能水平，使肺通气量及心血输出量增加。

(2)可以使心肌和骨骼肌的毛细血管扩张，使其工作肌获得更多的氧，从而克服内脏器官的生理惰性，使之尽快达到最佳状态。

 增加皮肤毛细血管血流量

准备活动可以使皮肤毛细血管的血流量增加，运动后毛细血管扩张，有利于散热，降低体温，有效防止开始正式活动时由于体温过高而影响运动能力。

 准备活动要求

准备活动时间

（1）准备活动的时间可以根据运动项目的具体情况确定，一般以10～30分钟为宜。

（2）准备活动与正式运动的间隔时间，一般以不超过15分钟为宜，可以在做完准备活动后立刻进行正式运动。

准备活动强度

（1）准备活动的强度和量应较正式运动小，以免引起不必要的疲劳。

（2）准备活动的量可以由心率来决定，心率以100～120次／分为宜。

准备活动内容

一般性准备活动

一般性准备活动的内容多以伸展运动开始，然后进行一般性的跑步、徒手体操等活动。

下面介绍一套常用的一般性准备活动操，供锻炼者运动前使用。这套活动操主要包括头部运动、肩部运动、扩胸运动、体侧运动、体转运动、髋部运动和踢腿运动等。

图 2-3-1

运动保健

头部运动

头部运动的动作方法（见图 2-3-1）：两手叉腰，两脚左右开立，做头部向前、向后、向左、向右，以及绕环运动。

肩部运动

肩部运动的动作方法（见图 2-3-2）：手扶肩部，屈臂向前、向后绕环，以及直臂绕环。

扩胸运动

扩胸运动的动作方法（见图 2-3-3）：屈臂向后振动及直臂向后振动。

体侧运动

体侧运动的动作方法（见图 2-3-4）：两脚左右开立，一手叉腰，另一臂上举，并随上体向对侧振动。

体转运动

体转运动的动作方法（见图 2-3-5）：两脚左右开立，两臂体前屈，身体向左、向右有节奏地扭转。

髋部运动

髋部运动的动作方法（见图 2-3-6）：两脚左右开立，两手叉腰，髋关节放松，向左、向右 360 度旋转。

图 2-3-2

图 2-3-3

踢腿运动

踢腿运动的动作方法（见图 2-3-7）：两臂上举后振，同时一腿向后半步，重心置于前腿，两臂下摆后振，同时向前上方踢腿。

图 2-3-4  图 2-3-5

图 2-3-6  图 2-3-7

专门性准备活动

专门性准备活动的动作方法、节奏和强度等与正式锻炼相似，目的是使人体主要肌群在运动前得到动员，为正式锻炼做好准备。

 运动后放松

运动后放松是指运动之后所进行的一些能够加速机体功能恢复的、较轻松的身体活动。与运动前准备活动相反，其目的是使锻炼者的生理机能水平逐步得到恢复。

 放松方法

运动性手段

（1）运动结束后，锻炼者可采用变换运动部位的方法来消除疲劳，如上肢出现疲劳时可做一些慢跑运动，下肢出现疲劳时可做一些上肢运动。

（2）转换运动类型也是一种不错的放松方法，如打羽毛球出现疲劳时，可从事瑜伽运动来达到放松的目的。

（3）还可以用调整运动强度的方法来缓解疲劳，如可以在放松过程中，采用小强度的轻微运动方法等。

整理活动 见图 2-3-8

（1）整理活动是指运动后所做的一些能够加速机体功能恢复的身体活动，如剧烈运动后进行 3～5 分钟慢跑或其他整理活动，使身体机能得以恢复。

（2）剧烈运动后如不做整理活动而骤然停止动作，会影响氧气的补充和静脉血的回流，使机体血压降低，引起不良反应。

图 2-3-8

 注意事项

(1)在进行整理活动时动作应缓慢、放松，运动量不要过大，否则会引起新的疲劳。

(2)在进行整理活动时，应当保持心情舒畅、精神愉快。

锻炼后，锻炼者感觉身体疲劳是一种正常的生理现象，是体育锻炼过程中的正常反应，随着体育锻炼时间的延长，疲劳症状会自然消失。运动性疲劳出现后，锻炼者如果采用一些自我养护措施，可以加速身体机能的恢复，尽快消除疲劳，提高锻炼效果。常见的自我养护方法主要包括运动后休息、合理营养和物理手段等三种。

 运动后休息

❄ **静止性休息** 见图 2-3-9

(1)静止性休息是指锻炼者运动后保持机体相对的静止状态，以促进身体机能的恢复，尽快消除疲劳。

(2)静止性休息的最佳方式之一是睡眠，特别是刚开始从事锻炼者，身体不适应或疲劳症状明显时，更应该保证足够的睡眠，否则，锻炼者虽然积极参加了体育锻炼，但收效甚微，甚至会导致过度疲劳症状的发生。

（3）静止性休息更适合于消除全身运动导致的整体疲劳症状。

图2-3-9

 积极性休息　见图2-3-10

（1）积极性休息更适合由于少量肌肉群参与工作而导致的局部疲劳，或运动强度较大而导致的快速疲劳。

（2）积极性休息可以加速血液循环，有利于代谢物排出体外，对促进身体机能的恢复具有明显的效果。

图2-3-10

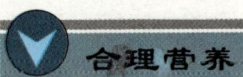 合理营养　见图2-3-11

图2-3-11

小强度、长时间的运动形式，主要是靠糖原的有氧代谢提供能量。运动后应及时补充淀粉类食物，如面粉、大米等，以促进消耗糖原的合成。随着人民生活水平的提高，在饮食结构中，肉类食品的比重不断增加，而淀粉类食品的比重逐渐减少，这一现象应当引起人们的注意，特别是老年人参加体育锻炼，更应注意对淀粉类食物的补充。

强度较大、时间又相对较长的运动形式，主要是靠糖原的无氧代谢提供能量。这样，糖原无氧代谢产物——乳酸便会在体内大量堆积。因此，运动后应多补充蔬菜、水果等碱性食品，以加速乳酸的清除，达到尽快消除疲劳的目的。

物理手段

 按摩及牵拉　见图2-3-12

（1）通过刺激神经末梢、皮肤结缔组织和毛细血管的按摩方法，可以使紧张的肌肉得以放松，从而改善局部组织和全身的血液循环，达到促进身体机能恢复的目的，这种方法可以在锻炼后马上进行。

（2）此外，还可以采取缓慢牵拉肌肉的方法，使收缩的肌肉得到充分的伸展放松。

水疗及电疗

（1）水疗包括芬兰式蒸汽浴、热水浴和桑拿浴等多种形式，主要作用是通过提高体温，促进血液循环，清除代谢物，以达到尽快消除疲劳、恢复体力的目的。

（2）水疗的时间一般以不超过30分钟为宜，如果时间过长，会进一步消耗体力，严重时甚至会出现暂时性脑缺血现象。

（3）如果条件允许，还可对疲劳的肌肉进行低频治疗。低频治疗仪的原理是模拟针灸疗法，使用时将电极用不干胶对称地粘贴在运动部位表皮上。这种疗法可以促进局部血液循环，改善组织代谢，缓解肌肉酸痛，消除疲劳。

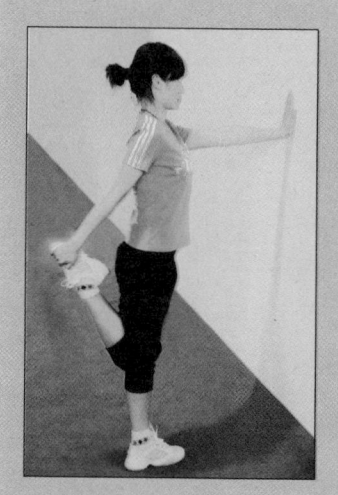

图 2-3-12

第三章 拓展项目

　　拓展训练的项目种类繁多,特点也各不相同。参加体验式培训者可以根据不同的素质拓展目标,选择不同的训练项目。拓展项目包括高空项目、水上项目和陆地项目等。

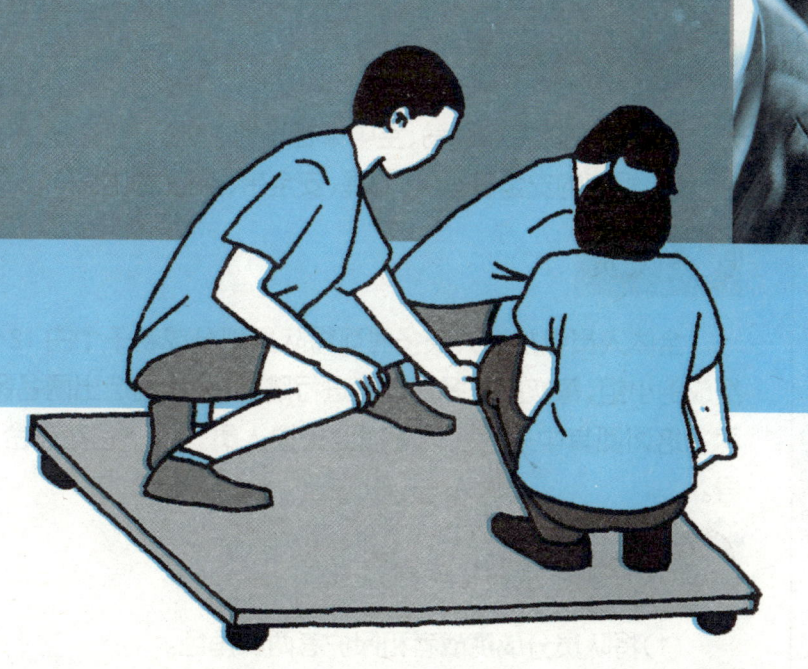

第一节

高空项目

　　高空项目即利用高空条件及绳索等安全设备,进行的考验人自信心、心理调节能力以及身体协调性和平衡性的训练,包括跳出真我、巨人梯、天使之手、断桥、云中漫步、速度攀岩、搭索过涧和缅甸悬桥等。

　　跳出真我即挑战者在绳索保护下,从离地 8 米的空中跳台上凌空跃起,抓住前方悬在空中的一臂以外的单杠。

 **训练目的**

　　(1)挑战自我,体验战胜恐惧的过程,增强自信心。

　　(2)盯住目标,努力达成。

 **场地与器材**

　　(1)8 米高的空中跳台、空中单杠场地 1 处。

　　(2)相应的安全设备(动力绳、安全带、头盔、锁扣等)。

 **人员**

　　全体人员参加,人较多时可将队员划分成若干个由 12～15 个人组成的小组,每次由一名挑战者进行跳跃,各小组选出两名保护人员,两名培训师其中一名在地面辅助保护人员,另一名在高台上进行指导。

 训练方法　见图 3-1-1

　　(1)将队员分成挑战者和保护者两种角色。

（2）挑战者系好安全带，检查是否已经反扣，戴好头盔。

（3）挑战者从高空跳台一跃而起，目的是抓住悬在空中的单杠。

（4）保护者分为主保护和副保护，主保护者负责牵拉两边保护绳，副保护者负责牵拉中间保护绳，以保护挑战者。

（5）当挑战者到达 8 米高空跳台时，两边保护绳要慢慢收，当挑战者起跳时，两边保护绳要抓住，中间保护绳要用力拉，防止挑战者向后撞到柱子，当挑战者跳下后，两边保护绳要匀速放绳。

（6）更换挑战队员，直到每一个人都体验过。

（7）当挑战者要开始的时候，请所有队员手放在挑战者的肩上，由挑战者喊出自己的名字，其他队员一起说："我们一定支持你！"

图 3-1-1

 注意事项

（1）挑战者起跳后不要用手抓保护绳。

（2）训练时应态度严肃、互相鼓励。

（3）整个团队的队员不能擅自中途离开，要专注正在挑战的队员。

 巨人梯(勇登天梯)

拓展项目

巨人梯即两名队员通过互相合作,共同攀上每层间距在1.4～1.8米的巨人梯,最后共同到达8米高的顶峰。

 训练目的

(1)锻炼个人胆量与身体协调能力。
(2)通力合作,分工明确,一起实现共同的目标。
(3)增强挑战自我压力与困难的勇气。

 场地与器材

(1)巨人梯高度8米,采用20厘米的圆木,用绳子相连,每两根圆木间距1.4～1.8米。
(2)相应的安全设备(动力绳、安全带、头盔、锁扣等)。

 人员

全体人员参加,人较多时可将队员划分成若干个由12～15人组成的小组,进行小组间的竞赛。每次由2名练习者配合进行攀爬梯子,地面上由两名队员拉着两名练习者的保护绳,可由培训师进行攀爬指导。

 训练方法　见图3-1-2

(1)将团队队员两两分成一组。
(2)两名队员之间进行配合向上攀爬,可以首先由体重较轻的练习者充当"人梯",另一名练习者借助"人梯"攀爬到上一层圆木,这名练习者攀爬成功后,再用手将另一名充当"人梯"的练习者拉上这一层圆木。
(3)两人共同向上,同伴的身体即是借力的绳索、攀爬的阶梯。

图 3—1—2

 注意事项

（1）由于梯子摇晃，单靠一人力量，无法完成此任务。

（2）不得擅自使用巨人梯，必须在专业人员指导、保护下训练。

（3）合理使用安全装备。

（4）训练时应穿松紧适度的运动服装，身上不得携带硬物。

 天使之手

天使之手即练习者两人一组，手牵手相互合作，从钢丝的起点走到对面终点。

 训练目的

（1）考验个人胆量与身体平衡能力。

（2）学会在压力和困难面前调整自己的心态。

（3）面对机遇和风险的考验，勇于尝试未知事物的能力。

（4）挑战自我，战胜自我，重新认识自我。

（5）学会合作，相互勉励，实现共同进步。

 **场地与器材**

（1）两根 9 米高的坚实钢筋立柱，相互之间距离 10 米左右，并通过两根钢索相连，这两根相连的钢索在同一垂直面内，距离 2～2.5米，钢索直径 0.02～0.05 米。

（2）相应的安全设备（动力绳、安全带、头盔、锁扣等）。

 人员

全体人员参加，人较多时可将队员划分成若干个由 12～15 人组成的小组，每次由两名练习者攀上立柱进行活动。在起点和终点处，即两根立柱处，各有一名培训师进行保护和指导。

 **训练方法** 见图 3-1-3

（1）练习者攀爬至 9 米高的立柱。

（2）站立于钢索的始端，调整身体的重心。

（3）利用脚掌的中部，采用"八"字式踩踏钢索。

（4）两名练习者相互牵手，并用另一只手抓住悬挂绳。

（5）利用两人的协调力来保持身体的平衡，从而到达终点。

图 3-1-3

（1）训练时应态度严肃、互相鼓励。

（2）整个团队的队员不能擅自中途离开，要专注正在挑战的队员。

（3）必须在专业人员指导和保护下进行此项高空训练。

（4）合理使用安全装备。

（5）训练时应穿松紧适度的运动服装，戴头盔，身上不得携带硬物。

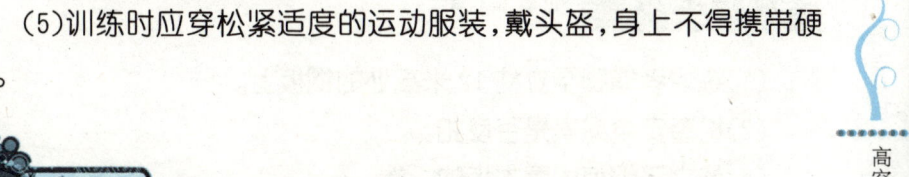

断桥即在 12 米高空，从一块 30 厘米宽、1 米长的木板，迈向另一块相同的木板，两板间距 1.5 米。

（1）磨炼意志，极度考验个人胆量与身体平衡能力。

（2）突破自我，战胜恐惧。

（3）学会正确看待目标和困难。

（4）体验在困境中，团队激励对个人的作用。

（5）增强换位思考意识，站在不同的角度看问题。

（1）空中断桥场地 1 处。

（2）两根间距 5 米的坚实钢铁圆柱，每根圆柱上有 1.5 米长、0.3 米宽的钢板支撑，钢板距地面高 12 米，两块钢板间距 2 米左右，钢板内部有可以伸缩的滑道，内置可移动的木板，以供断桥间隔距离的调整使用。

（3）相应的安全设备（保险绳、安全带及安全帽等）。

 人员

参与人数 10～20 人，每次有一名练习者攀上立柱"飞跃断桥"，在"断桥"的一端有一名培训师进行保护和指导，其他人在"断桥"下方注视练习者，并对挑战者进行鼓励。

 训练方法 见图 3-1-4

（1）练习者攀爬至立柱 12 米高处的钢板上。

（2）检查安全绳索是否反扣。

（3）站立于钢板内置木板的一端。

（4）跨越木板时，一只手抓住悬挂绳。

（5）练习者可根据自身能力，适当调整木板间距。

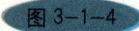

图 3-1-4

 注意事项

（1）不得擅自攀爬和使用断桥器材，必须在专业人员指导、保护下训练。

（2）训练时应穿松紧适度的运动服装，合理使用安全装备，身上不

拓展项目

得携带硬物。

（3）态度严肃，相互鼓励。

 云中漫步

云中漫步即队员在离地 9 米左右的高空，从一根钢柱的一端走到另一端。

 训练目的

（1）体验极端环境带来的挑战，增强自我控制与决断能力，以适应存在巨大压力的外部环境。

（2）克服心理恐惧感，建立突破自我、挑战困难的自信心与勇气，扩展心理舒适区。

（3）建立相互鼓励、相互支持的团队氛围。

 场地与器材

（1）云中漫步场地 1 处。

（2）两根间距 5 米的坚实钢铁圆柱连接 1 根钢柱，钢柱距地面高度 9 米，钢柱宽 20 厘米左右。

（3）钢柱上方设有保险绳、安全带等设备，练习者需佩戴安全帽。

 人员

参与人数 10～20 人，每次有一名练习者佩戴完整的安全装备爬上离地 9 米高的横置钢柱，在钢柱的一端有一名培训师进行保护和指导，其他人在钢柱下方注视练习者，并对挑战者进行鼓励。

 训练方法　见图 3-1-5

（1）练习者攀爬至 9 米高的钢柱上。

（2）检查安全绳索是否反扣。

（3）站立于钢柱始端。

（4）两臂展开可控制平衡，从钢柱一端走向另一端。

（5）练习者可根据自身能力，适当调整行走速度。

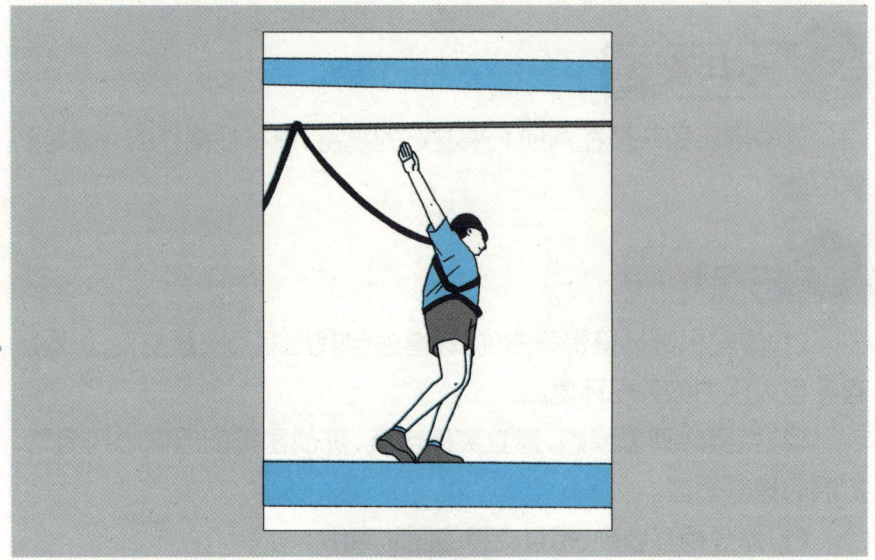

图 3-1-5

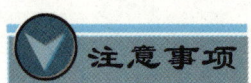

（1）不得擅自攀爬和使用高空器材，必须在专业人员指导、保护下训练。

（2）训练时应穿松紧适度的运动服装，合理使用安全装备，身上不得携带硬物。

（3）态度严肃，相互鼓励。

速度攀岩即攀岩者用最快的速度攀爬岩壁至顶端。

（1）有助于激发个人自我挑战精神。

（2）培养冷静自信的性格。

（3）有助于提高时间管理及目标管理能力。

（4）使练习者学会利用固有资源，了解借力方能成功的道理。

 **场地与器材**

（1）攀岩场地 1 处。

（2）各种难度的攀岩板。

（3）保护绳索。

 **人员**

参与人数 10～20 人，每次由一名练习者佩戴完整的安全装备，由下至上攀爬攀岩板，培训师在岩壁下进行指导，其他人在岩壁下方注视练习者，并对练习者进行鼓励。

 **训练方法** 见图 3-1-6

（1）检查安全绳索是否反扣。

（2）练习者攀爬至岩壁顶端。

（3）练习者可根据自身能力，适当调整攀岩路线及速度。

图 3-1-6

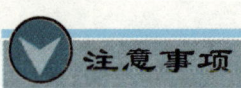
注意事项

(1)不得擅自攀爬岩壁,必须在专业人员指导以及佩戴保护绳索的情况下进行训练。

(2)训练时应穿松紧适度的运动服装,合理使用安全装备,身上不得携带硬物。

(3)态度严肃,相互鼓励。

搭索过涧

搭索过涧即将山涧中两个不在同一高度的点用绳索连接起来,练习者从高处顺绳索滑下的活动。

训练目的

(1)体验极端环境带来的挑战,增强自我控制与决断能力,以适应存在巨大压力的外部环境。

(2)克服心理恐惧感,建立突破自我、挑战困难的自信心与勇气。

(3)建立相互鼓励、相互支持的团队氛围。

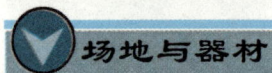
场地与器材

(1)搭锁过涧场地1处。

(2)山涧间高低两端固定钢索若干根。

(3)钢索上设有保险绳、安全带、锁扣、滑轮等设备。

人员

参与人数10~20人,每次由一名练习者佩戴完整的安全装备顺钢索从高处滑下,在钢索高低两端各有一名培训师进行保护和指导,其他人在钢索两端观察,并鼓励练习者。

（1）练习者在山涧高端钢索处佩戴下滑装备。

（2）检查安全绳索是否反扣。

（3）两手抓住保险绳，身体自然放松，行走至两脚离地呈空中滑行状态。

（4）从钢索高端滑向低端。

图 3-1-7

 注意事项

（1）不得擅自使用高空器材，必须在专业人员指导、保护下训练。

（2）训练时应穿松紧适度的运动服装，合理使用和佩戴安全装备，身上不得携带硬物。

（3）态度严肃，相互鼓励。

 缅甸悬桥 ◆◆◆◆◆◆◆◆

缅甸悬桥指练习者从离地 8 米高的梯式桥一端走向另一端。

 训练目的

(1)体验极端环境带来的挑战,增强自我控制与决断能力,以适应存在巨大压力的外部环境。

(2)克服心理恐惧感,建立突破自我、挑战困难的自信心与勇气,扩展心理舒适区。

(3)建立相互鼓励、相互支持的团队氛围。

 场地与器材

(1)缅甸悬桥场地1处。

(2)梯式桥上设有保险绳、安全带等设备。

 人员

参与人数10~20人,每次由一名练习者佩戴完整的安全装备爬上缅甸桥,在桥的两端各有一名培训师进行保护和指导,其他人在桥下观察,并鼓励练习者。

 训练方法 见图3-1-8

(1)两手抠膝,背对队友大声喊"我是×××",其他队员将手放其背上,大声喊出队中的口号,真心地为其"充电",让练习者切实感受到他并非是单独作战,而是背后有一个强大的团队在支持着他。

(2)检查安全带是否反扣,佩戴头盔。

(3)爬上离地面约高8米左右的缅甸桥,沿着桥上的竹竿向对岸走。

(4)不断越过没有竹竿的空白区域,同时尽量保持身体平衡。

(5)如果是比赛,两队可以在规定时间内通过的人数作为衡量标准。

图 3-1-8

 注意事项

　　（1）不得擅自攀爬及使用高空器材，必须在专业人员指导、保护下训练。

　　（2）训练时应穿松紧适度的运动服装，合理使用和佩戴安全装备，身上不得携带硬物。

　　（3）态度严肃，相互鼓励。

第二节

水上项目

　　水上项目即利用江海湖泊等自然环境，通过精心设计，进行如游泳、跳水、扎阀、划艇等活动，以达到挑战极限、体验成功、自我教育、关注自然、群体合作的训练目的。

 **建桥过河** ◆◆◆◆◆◆◆◆◆

建桥过河即团队利用有限的资源建设一座桥，将所有人成功转移至河对岸。

拓展项目

 **训练目的**

(1)培养积极参与、团队合作的精神。

(2)体验时间管理的重要性。

(3)学习如何分工协作、合理规划，以提高团队合作效率。

 **场地与器材**

(1)水塘场地1处。

(2)竹竿若干。

(3)绳子、救生衣等。

 **人员**

每队10人左右，大家共同策划搭建木桥的方法，培训师并不参与策划。

 训练方法 见图3-2-1

(1)各团队利用有限的资源，建设一座桥。

(2)合理策划，将所有人成功转移至河对岸。

(3)时间短的团队取胜。

 **注意事项**

(1)训练时应穿户外活动的休闲服和运动鞋，不要佩戴首饰及携带硬物。

(2)训练过程中请不要带手机，禁止摄像。

(3)在无培训师指导的情况下，任何人不得擅自下水游泳或做其他任何危险运动。

图 3-2-1

抢滩登陆(扎筏泅渡)

抢滩登陆即团队队员利用有限的资源,以最快的速度造成一艘船,搭载本队队员,在规定的时间内划过规定水域,达到对岸。

训练目的

（1）坚定目标,同心协力,建立良好的合作意识。

（2）体验集体创作的劳动成果,认识到个人能力的不足,感受集体和个人利益的关系。

（3）培养领导与分工协作的能力,掌握资源的合理利用与分配。

（4）学会并懂得沟通的重要意义,掌握沟通技巧。

（5）培养创新思维。

场地与器材

（1）水塘场地1处。

（2）油桶、竹竿若干。

（3）绳子、救生衣等。

 人员

每队 10 人左右,大家共同策划搭建木筏的方法,培训师并不参与策划。

 训练方法 见图 3-2-2

(1)团队队员集体动手,利用几个塑料桶、几根竹竿,扎一个足够结实的竹筏。

(2)全体队员泅渡过河。

(3)三个以上团队,可按扎筏后成功泅渡过河的时间长短进行比赛。

图 3-2-2

 注意事项

(1)训练时应穿户外活动的休闲服和运动鞋,不要佩戴首饰及携带硬物。

(2)训练过程中不要带手机,禁止摄像。

(3)在无培训师指导的情况下,任何人不得擅自下水游泳或做其他任何危险运动。

（4）身体不适或晕水者，不要参与此项训练。

水上过桥抽板即团队队员利用若干块木板，在悬挂于水面上的绳索上搭桥，从一端达到另一端。

（1）团队合作，分工明确。

（2）互相信任。

（1）小河或水塘场地 1 处。

（2）连接河岸两侧的倒三角形绳索、木板若干。

团队人数 10～20 人，全体人员参加挑战。

 见图 3-2-3

（1）充分利用两块长 2 米的木板资源，在悬挂于水面上的绳索上搭桥，渡过一条宽 12 米的河。

（2）规定整个过程，团队队员不能落水。

（1）训练时应穿户外活动的休闲服，不要佩戴首饰及携带硬物。

（2）训练过程中不要带手机，禁止摄像。

（3）在无培训师指导的情况下，任何人不得擅自下水游泳或做其他任何危险运动。

（4）身体不适或晕水者，不要参与此项训练。

图 3-2-3

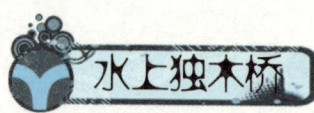 **水上独木桥**

水上独木桥即所有队员走过一条没有任何扶手的水上独木桥。

 训练目的

(1)考验个人胆量与身体平衡能力。

(2)学会团队相互支持和鼓励。

(3)挑战自我,战胜自我,重新认识自我。

 场地与器材

(1)较浅的水塘或小河1处。

(2)水面上1条质地结实、没有任何扶手的独木桥。

 **人员**

全体人员参加,人较多时可将队员划分成若干个由12~15人组成的小组,可以一支团队的参加者依次走过独木桥;为增加难度,也可以由两支团队在对岸同时进行。

 **训练方法** 见图3-2-4

（1）所有队员走过一条没有任何扶手的水上独木桥。

（2）规定整个过程，团队队员不能落水。

图3-2-4

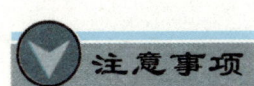 **注意事项**

（1）训练时应穿户外活动的休闲服，不要佩戴首饰及随身携带硬物。

（2）训练过程中不要带手机，禁止摄像。

（3）在无培训师指导的情况下，任何人不得擅自下水游泳或做其他任何危险运动。

（4）身体不适或晕水者，不要参与此项训练。

 **涉水爆破** ◆◆◆◆◆◆◆◆◆◆

涉水爆破即团队队员利用有限的资源，将漂浮在离岸3.5米远的气球戳破。

训练目的

（1）体验计划与分工的重要性。

（2）培养沟通与合作意识。

（3）感受体能极限，锻炼坚持到底的决心和毅力。

场地与器材

（1）安全水域场地 1 处。

（2）安全水域距岸 3.5 米远气球 1 个，质地结实可供支撑的木制支柱 2 根，绳索 1 根。

人员

全体人员参加，人较多时可将队员划分成若干个由 8～12 人组成的小组，可以进行小组间的竞赛，团队中一名练习者负责爆破气球，其余人员进行保护工作，培训师一名。

训练方法　见图 3-2-5

（1）团队利用有限的资源进行策划，搭桥铺路。

（2）在团队全体队员的保护下，一名队员将漂浮在离岸 3.5 米远的气球戳破。

（3）要求爆破者不能落水。

注意事项

（1）训练时应穿户外活动的休闲服，不要佩戴首饰及携带硬物。

（2）训练过程中不要带手机，禁止摄像。

（3）在无培训师指导的情况下，任何人不得擅自下水游泳或做其他任何危险运动。

（4）身体不适或晕水者，不要参与此项训练。

图 3-2-5

皮艇竞技(同舟共济)

皮艇竞技即所有团队两两结合,进行往返接力。

训练目的

(1)团队合作,团队有效沟通,学会倾听。

(2)培养策划和决策能力,能够合理利用工具。

(3)学会遵守组织纪律。

(4)突破思维定式,不断创新,从而创造性地解决问题。

场地与器材

(1)安全水域场地1处。

(2)皮艇若干。

(3)救生衣、划桨、绳索等设备。

人员

每支团队人数在6~10人,四支以上的偶数团队进行两两组合。

每支组合后的团队有一名培训师担当划艇的舵手，并负责全艇的安全和指导。

 见图 3-2-6

（1）抽签进行两两组合。

（2）组合团队将两艘皮艇连接在一起。

（3）在限定时间内，进行往返接力，夺取标的物。

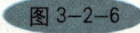

图 3-2-6

（1）训练时应穿户外活动的休闲服和运动鞋，不要佩戴首饰及携带硬物。

（2）训练过程中不要带手机，禁止摄像。

（3）在无培训师指导的情况下，任何人不得擅自下水游泳或做其他任何危险运动。

（4）身体不适或晕水者，不要参与此项训练。

第三节

陆地项目

陆地项目即在崇山峻岭等自然环境或专门的训练场地上,利用各种训练设施,如高架绳网等,通过精心设计,进行各种户外生存技能训练活动,达到磨炼意志、陶冶情操、完善人格、熔炼团队的训练目的。

 毕业墙

毕业墙即全体队员通过合作,共同翻越一面高 4 米的墙。

 训练目的

(1)认识群体的作用,增进集体参与意识和责任心。

(2)改善人际关系,学习关心他人和更融洽地与他人合作。

(3)全体队员集思广益、达成共识,一起解决面临的严峻的生存挑战和考验。

(4)培养团结一致、密切合作、克服困难、勇于牺牲的团队精神。

(5)培养计划、组织、协调能力。

(6)将看似不可能完成的任务变成现实,培养战胜困难的决心和信心。

 场地与器材

(1)宽阔平整场地 1 处。

(2)高度为 4 米,宽度适度的结实高墙,一面为光滑平面,另一面为可容纳人员站立的高台及可供上下的梯子。

 人员

全体人员参加,人较多时可将队员划分成若干个由 12~15 人组

成的小组,各团队可进行翻越毕业墙竞赛,也可以各团队人员共同参加,人数不超过 80 人。

 见图 3-3-1

(1)各团队根据全体人员的实际情况共同策划、分工。

(2)全体队员在只能利用自己身体的情况下,协同作战,共同翻越 4 米的高墙。

图 3-3-1

(1)训练时应穿着宽松的运动装,赤足或者穿着胶质底部的运动鞋,女性不可穿着高跟鞋、裙子及牛仔裤等。

(2)攀登中练习者的脚踩在其他人肩膀、大腿的时候,应尽量踩在靠近里侧关节的位置,否则容易出现脱臼的情况。

蜘蛛网即全体队员共同克服层层困难,全部穿越一张网眼大小不一的蜘蛛网。

训练目的

（1）充分认识资源合理分配问题,如果挑高分值的网眼,则风险太大,一个失败,全盘皆输,如果专捡低分值的网眼,虽然风险较小,但获得的总分也较少。

（2）培养团队合作精神,增进沟通。

（3）体现协同工作在解决问题中的作用。

（4）学会克服看似难以解决的问题。

场地与器材

（1）选取两棵结实的大树,用来支撑蜘蛛网。

（2）准备尼龙绳或其他类似的绳子,用来编织蜘蛛网。

（3）准备几个螺栓、几节电线、几小节绳子,用来把蜘蛛网固定在树上。

（4）准备蒙眼布,如果有人被蜘蛛咬着了,他的眼睛就会被蒙起来。

（5）准备几只用来做碰触蜘蛛网警报器的小铃铛。

（6）准备用来制造气氛的大橡胶蜘蛛。

人员

全体人员参加,人较多时可将队员划分成若干个由 12～15 人组成的小组。

训练方法  见图 3-3-2

（1）由培训师在两树之间,架起一张放大的蜘蛛网,网上有许多大大小小的网眼,但许多网眼都能容一个人体横着通过。

（2）在只能利用自己身体的情况下,全体队员协同作战,采取各种办法,把处于一方的人员输送到另一方,且送到后的队员不准再回到原来的地方。

（3）团队之间按分值多少确定输赢,网眼较大、较低的,通过一个

人时,获得的分值较低;网眼较小、较高的,通过一个人时,获得的分值较高。

(4)任何人的身体如触碰到蜘蛛网,且触网两次均没能通过,则扣除 300 分。

(5)每个网眼只准许一个人通过一次。

图 3-3-2

 注意事项

(1)将各部位加固,保证蜘蛛网足够承受所有人员重量。

(2)不要让游戏者从网洞中跌落下去。

 **大脚板**

大脚板即团队所有队员一起,利用两条长板从起点走到终点。

 **训练目的**

(1)培养团队计划组织、领导、控制的能力。

(2)增强团队整体意识,促进团队队员之间的沟通与协调,培养协作精神和凝聚力,让团队队员意识到团队的进步是建立在个人进步的基础上的,只有个人进步了,才能带动整个团队的前进。

(3)增强身体的平衡感。

(4)培养团队应急应变能力。

 **场地与器材**

(1)1处宽敞平整的活动场地。

(2)长度为6米、宽度为0.15米、厚度为0.03米的脚板上每隔0.3米镶入可供牵拉的长绳。

 **人员**

全体人员参加，可将队员划分成若干个由8～15人组成的小组，以组为单位进行竞速。

 训练方法 见图3-3-3

(1)所有队员的左右脚都分别站在左右两块木板上，并用两手拉住木板上对应位置的绳子。

(2)队员齐声喊着"左、右"的口令，全队同时提起一侧的木板向前走。

(3)反复几次，找到默契，走出预定的距离。

(4)加大训练难度，要求队员不喊口令而是无声行走，继而在行进中转向、调头、整齐有序地行走，在身体的任何部位不接触地面的情况下，依靠全队的力量，齐心协力从起点抵达终点。

图3-3-3

注意事项

（1）注意对拉绳子的手脚的保护，防止手的磨伤。

（2）防止相互拥挤，造成踩踏事故。

（3）确保场地没有障碍物，防止摔倒。

（4）训练时应穿着运动服和运动鞋，不能携带硬物。

寻宝大行动即团队队员在规定的时间内，按照要求找到目标并返回集合地点。

训练目的

（1）提高团队在困难条件下分析问题和解决问题的能力。

（2）体验统一的目标和行为规范对于团队绩效的重要性。

（3）强化团队队员的责任意识和纪律意识。

（4）培养团队队员之间信任感，使练习者认识到个体工作对于提高团队效率的重要性。

（5）提高团队协作能力和凝聚力。

（6）回归自然，娱乐身心。

场地与器材

（1）较为宽阔的室外活动空间。

（2）设置各种寻宝指令。

（3）设置与各指令对应位置的宝物。

人员

全体人员分组行动，需要将队员划分成若干个由6～10人组成的小组。

 **训练方法** 见图 3-3-4

（1）按照接头暗语找到与自己同属一个团队的同伴。

（2）确定队员后，各团队接到寻宝指令，按照各种提示，共同解谜，并逐一找到宝物。

（3）全体队员在找全宝物后，尽快赶到指定地点。

（4）各团队按照用时长短确定输赢。

图 3-3-4

 注意事项

（1）事先逐项明确每一条规则。

（2）在寻宝过程中，对各小组进行监控。

 **泰山绳**

泰山绳即团队所有队员在规定的区域内，仅靠一根绳子通过"硫酸"河，转移到指定的另一区域。

训练目的

(1)培养团队合作、沟通和计划能力。

(2)考验团队的协作能力。

(3)锻炼团队的突破性思维。

(4)提高团队解决问题的能力。

(5)提高团队队员的相互信任。

 场地与器材

(1)"泰山绳"场地1块,要求地面平整,有一棵枝叶较粗的大树,用来捆绳子,两根4～6米长的木条,用来标记河岸。

(2)1根至少要能承受1个人重量的粗绳子,承重量以最重的练习者为准。

 人员

全体队员共同参加,将队员划分成若干个由12～15人组成的小组。

 见图3-3-5

(1)团队在规定的时间内,想办法抓到"硫酸"河上垂下的绳索。

(2)仅凭一根绳索,使全部队员成功跨越"硫酸"河。

图3-3-5

 **注意事项**

（1）树木和绳子的承重量是本活动的重点安全问题。

（2）活动前需检查树木和绳子的结实程度，并在绳子下方放置缓震垫子。

生化危机

生化危机即团队所有队员在规定的时间内，安全将"核弹"转移到指定的另一区域。

 **训练目的**

（1）培养队员面对尝试与挑战时对伙伴的信任感。

（2）培养相互合作与支持的能力。

 **场地与器材**

（1）较广阔的室外空间。

（2）假想中的"核弹"（以水桶代替）。

（3）安全区域的标示。

（4）长绳2根，短绳若干。

 **人员**

全体人员参加，将队员划分成若干个由12～15人组成的小组。

 **训练方法** 见图3-3-6

（1）以水桶作为假想中的"核弹"，所有队员不能用身体部位接触水桶。

（2）水桶离开安全区域后不能接触地面。

（3）团队所有队员在规定的时间内，安全将"核弹"转移到另一区域。

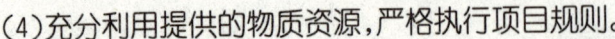

(4)充分利用提供的物质资源,严格执行项目规则。

(5)必须在规定的时间内完成。

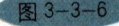

图3-3-6

 注意事项

(1)训练时应穿着适合于户外活动的休闲服和运动鞋,切勿穿皮鞋或凉鞋。

(2)培训过程中不要带手机,女队员不要佩戴首饰。

(3)禁止摄像。

拆炸弹即团队队员在规定的时间内将炸弹安全拆除。

 训练目的

(1)使练习者思维活跃、热血沸腾。

(2)注重培养团队沟通和计划能力。

(3)锻炼团队的突破性思维。

(4)提高以小组为单位解决问题的能力。

（5）培养队员面对尝试与挑战时对伙伴的信任感。

（6）培养相互合作与支持的能力。

（1）宽阔平整场地1块。

（2）将1个乒乓球装入1个小塑料桶（或其他容器）作为"炸弹"，根据所给器材的实际情况，在"炸弹"周围设置一定的区域为"雷区"。

（3）提供队员使用的器材包括长绳、长木、短木等。

 **人员**

全体队员参加，将队员划分成若干个由12～15人组成的小组。

 训练方法 见图3-3-7

（1）全体队员经过临时组合，形成几个团队。

（2）各小组队员利用有限的道具，在规定的时间内拆除一颗"炸弹"。

（3）任何人身体不能触及且不能进入"雷区"。

（4）各小组以取出桶中乒乓球，即拆除"炸弹"的时间长短评定胜负。

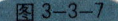

图3-3-7

陆地项目

注意事项

（1）活动前要充分检查长绳和长木等器材的坚固程度。

（2）要求全体队员高度团结，纪律严明，行动一致。

孤岛生存

孤岛生存即"自由岛"的队员在规定的时间内，将另外几个岛的队员成功转移到"自由岛"。

训练目的

（1）培养团队的计划、组织、领导和控制能力。

（2）学会运用系统思考的方法来处理问题。

（3）增强团队整体意识、协作精神和凝聚力。

（4）培养团队应急应变能力。

场地与器材

（1）环境条件：自由岛 4 平方米、小岛 0.25 平方米、哑巴岛 1 平方米、盲人岛 1 平方米，四个小岛（不可移动），岛间距 1.1 米。

（2）物品条件：1 米长木板 2 个、鸡蛋 2 个、筷子 2 双、透明胶布 1 卷、报纸 1 张、羽毛球 1 个、塑料桶 1 个、七巧板 2 套。

人员

自由岛 4 人，哑巴岛 4 人，其余为盲人岛成员。

训练方法　见图 3—3—8

（1）队员全部上岛后，任务开始。

（2）各岛的具体任务说明装在信封中，任务开始后才可打开。

（3）自由岛：任务 1，将 15 种生存物品（阿司匹林、收音机、绳子、烟幕弹、压缩饼干、电池、匕首、望远镜、指南针、帐篷、火柴、补妆镜、汽

拓展项目

油、淡水、手电筒)按重要性排列,该任务完成获 10 分,否则扣掉 30 分;任务 2,用筷子、报纸和胶布将两个鸡蛋包装起来,在 2 米高抛下不会损坏,该任务完成获 10 分,否则任务将视为失败。

(4)哑巴岛任务:用木板将所有人集中到自由岛,但在盲人岛任务 1 完成前不可使用木板。

(5)盲人岛:任务 1,将羽毛球投进 1 米外的塑料桶中,任务 1 完成后由培训师通知哑巴岛队员;任务 2,将所有人集中到自由岛,不可使用木板。

(6)全体人员全部登上自由岛,任务成功。

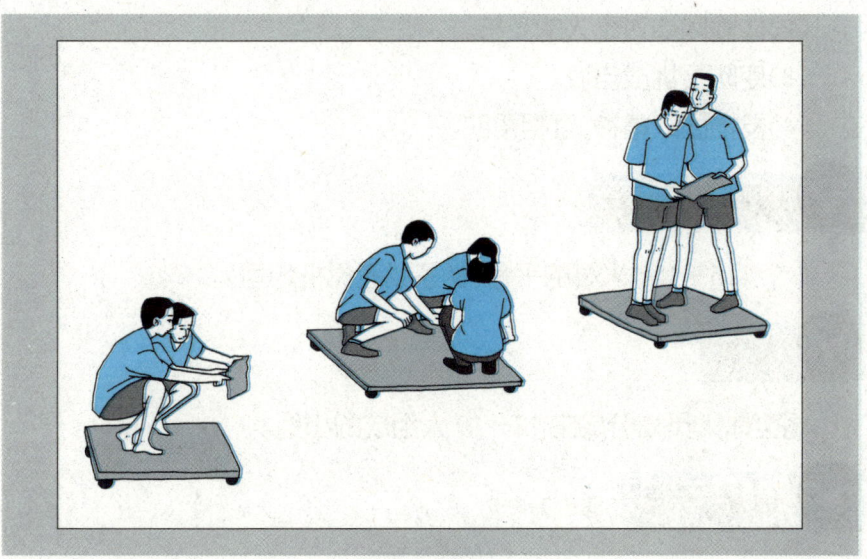

图 3-3-8

(1)任务开始后,自由岛队员不可掉入水中,否则扣 10 分。

(2)所有物品掉落水中后,将会被急流冲至盲人岛。

(3)任务开始后,哑巴岛上队员不可发出任何声音,盲人岛的队员不可以摘掉眼罩,否则任务将视为失败。

(4)任务开始后,哑巴岛上队员以及盲人岛的队员不可以落入水中,否则任务将视为失败。

（5）只有哑巴岛可以使用木板，只有盲人岛队员可以投掷羽毛球。

（6）所有任务必须在 40 分钟内完成。

 信任倒

信任倒又称信任背摔，即每一名练习者站在离地 1.8 米高的平台背向倒下，同伴们在下方用手臂将其接住。

 训练目的

（1）培养相互信任和遵守承诺，锻炼克服恐惧的能力。

（2）体验团体对个人的支持。

（3）使队员挑战自我。

（4）发扬团队精神，互相帮助。

 场地与器材

1 个 1.5～1.8 米高的平台（梯子或者树桩均可）。

 人员

将全体人员划分成由 12～18 人组成的小组。

 训练方法 　见图 3—3—9

（1）练习者站在约 1.8 米高的台子上，合起两手，直体向后倒下。

（2）承接者分成两排，将两臂及展开的手掌心交叉，紧凑连接，承接练习者。

 注意事项

（1）任何时候，都不能让练习者从 1.8 米以上的地方向后倒，否则练习者的头或肩将比身体的其他部位先接触承接队伍，导致摔伤。

（2）根据练习者的数量，酌情安排承接者人数。

（3）承接者不许佩戴手表、戒指或其他尖锐的物件。

（4）练习者应掏空所有衣兜，解下带扣的腰带。

图 3-3-9

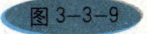

生死电网

生死电网即全体队员都要在规定时间内,通过一道只能容得下一个人平躺才能穿过的出口。

 ### 训练目的

(1)体验合作、分工、计划、领导的重要性。

(2)培养团队领导的策划组织能力,增强队员之间的信任、沟通。

(3)体验协同合作在解决问题中的作用。

(4)学会克服看似难以解决的问题。

 ### 场地与器材

每组1个16个网孔的"电网"。

 ### 人员

将队员划分成由12~15人组成的小组。

 **训练方法** 见图3-3-10

（1）将全体队员划分成若干小组进行比赛。

（2）开始前有10分钟时间讨论，开始后所有的队员不能以语言进行沟通。

（3）每一个网孔只能使用一次，不能重复使用。

（4）穿越过程当中，任何一位队员身体任何一个部位触到"电网"，该组所有队员将重新穿越。

（5）在限定时间内完成任务。

（6）未过网的队员，不可预先跨过网来协助其他队友。

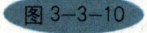
图3-3-10

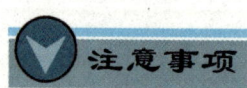 **注意事项**

（1）在整个项目进行过程中不允许出声。

（2）不允许碰到电网，如有队员触到电网或违反其他规定通过，都要取消资格，并重新通过。

 **同心石** ◆◆◆◆◆◆◆◆

同心石即所有团队队员共同站在一个非常小的平台上，坚持一段时间。

 训练目的

(1)使练习者打破思维定式。

(2)体验团队的合作精神及策划的成效，增强队员之间的沟通。

(3)使练习者学会接受并处理不同的意见和建议。

(4)使练习者学会如何从失败中吸取教训，并加以改进。

 **场地与器材**

(1)环境幽雅、空旷的室外场地为宜，也可以由室内场馆代替。

(2)适宜大小的平台若干。

 人员

全体人员参加，将队员划分成若干个由 6～10 人组成的小组。

 **训练方法** 见图 3-3-11

(1)小组队员进行讨论，找到方案。

(2)小组所有队员的身体（脚）必须完全离地。

(3)任何队员不可被抬起或背起，不能以叠罗汉形式进行。

(4)队员可做多次尝试。

 注意事项

平台面积适宜，提醒练习者不要互相推搡，避免发生危险。

图 3-3-11

怪兽过河 ◆◆◆◆◆◆◆◆

怪兽过河即团队所有队员创造出一个"怪兽",并形成一个整体,通合协同合作,从 A 点到达 B 点。

训练目的

（1）打破常规思维定式。

（2）学会团队配合,合理分工。

（3）学会如何领导团队走出困境。

（4）体验有效有序的沟通对团队的重要性。

（5）合理计划,学习在困难和挑战面前保持清醒和冷静的头脑。

（6）树立队员的责任心,建立开放的交流环境,体会集思广益的价值。

场地与器材

宽阔的室外场地为宜,若没有,也可以由室内体育场馆代替。

人员

全体人员参加,每10个人为1支探险队。

训练方法 见图3-3-12

(1)按参与人数,分别组成团队。

(2)团队队员共同创造出一个"怪兽",形成一个整体。

(3)"怪兽"通过一条宽度6米的长河,过程中至多有8只手、4只脚可以接触河面。

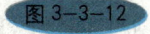

图3-3-12

注意事项

(1)活动中要注重发挥全体队员的创造才能和智慧,避免个人主义。

(2)在渡河过程中,各团队队员要严格执行规则。

珠行万里

珠行万里即团队队员利用 PVC 管将球从 A 点运送到 B 点。

训练目的

(1)提高与促进练习者的目标设定。
(2)培养练习者沟通与协作的能力。
(3)建立信息共享的有效方式。
(4)使练习者面对不断变化的环境,学会适应而不是抱怨。
(5)通过团队协作,共创整体赢利意识。

场地与器材

高尔夫球 1 个,长 40 米、由中间剖开的 PVC 管若干。

人员

全体人员参加,将队员划分成若干个由 10～15 人组成的小组。

训练方法 见图 3-3-13

(1)起点到终点距离 50 米。
(2)将胶管一个接一个连成一个管道。
(3)单球行走:在起点放一个球,让球在连成的胶管通道里前行,不准落地,不准后退,不准间断,最后滚入终点的球筐内。
(4)双球行走:从起点分前后放两个球,同样要求球不准落地,不准后退,不准间断,并且不准两球相碰,最后滚入终点的球筐内。

注意事项

(1)球在滚动过程中不能脱离至地面、不能后退、不能间断。
(2)队员不能用手触摸球。
(3)高尔夫球只能在管道内运行。

（4）高尔夫球通过队员设置的管道前，该队员不能离开自己的位置，球通过后，方可离开。

（5）队员所持管道在接到球体后，只能上下移动，不可左右横向移动。

（6）必须将高尔夫球安全送到指定的目标处。

（7）必须在规定的时间内完成，且活动过程中要保持安静。

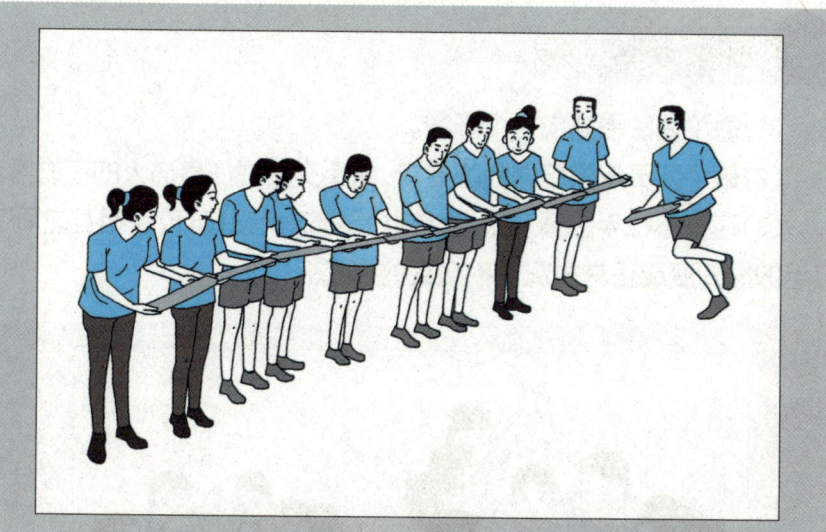

图 3-3-13

解手链

解手链即团队所有队员手臂相互交叉，手拉手组成一个锁链，并在规定时间内解开锁链。

训练目的

（1）使练习者体验沟通的重要性。

（2）体验团队工作的运作以及领导帮助的重要性。

（3）掌握集体共同解决问题的方法。

（4）学会接受和处理不同的意见和建议。

（5）使练习者深刻领会团队的合作精神。

场地与器材

环境幽雅、空旷的室外场地为宜,若没有,也可以由室内场馆代替。

人员

全体人员参加,将队员划分成若干个由8～10人组成的小组。

训练方法 见图3-3-14

(1)每个团队围站成一个圆圈。

(2)每个队员按照培训师的要求,两手交叉握住身边人的左右手。

(3)在互不松手的情况下,全体队员把这个锁打开,使相互之间手拉手的形式变成正常情况下不交叉的方式。

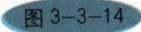
图3-3-14

注意事项

(1)解手链的过程中队员不可将手松开。

(2)培训师启发队员变换身体的姿势和位置以完成任务。

(3)活动过程中注意对关节的保护,不要出现拉伤或扭伤。

 **地雷阵** ◆◆◆◆◆◆◆

地雷阵即团队所有队员在不允许说话的情况下,从地雷阵 A 点达到 B 点。

 **训练目的**

(1)在游戏规则约束下,高效的决策水平、完善的执行方案要贯穿始终,并成功指导团队队员完成该项目。

(2)培养练习者敏锐的观察力、准确的判断力和超常的记忆力。

(3)突破常规思维模式,在方法上敢于拓展创新渠道,实现速度最大化。

(4)善于总结,有效沟通队友给自己以及自己给队友带来的失败教训和成功经验。

(5)使参与者学会对自己认真负责,为团队合作奠定坚实的基础。

(6)关心和支持队友的前进步伐和成长过程。

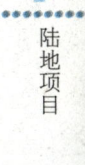

 **场地与器材**

(1)环境幽雅、空旷的室外场地为宜,也可以由室内场馆代替。

(2)雷阵(标有数字"01~120"方格的塑胶地毯)。

 **人员**

全体人员参加,将队员划分成若干个由 10~15 人组成的小组。

 **训练方法** 见图3-3-15

(1)120 个方格,有的能踩,有的不能踩,只有培训师知道。

(2)每次只能由一名队员进入雷阵,不得踩线,向前后或左右方向移动一步,不允许斜向移动。

(3)当踏到地雷,培训师会叫停,踏雷者应按照原路退出雷阵,并换下另一名队员继续前进。

（4）每一名进入者必须从起点开始行进，不能直接到达上一名队员触雷的地方。

B

109	110	111	112	113	114	115	116	117	118	119	120
97	98	99	100	101	102	103	104	105	106	107	108
85	86	87	88	89	90	91	92	93	94	95	96
73	74	75	76	77	78	79	80	81	82	83	84
			67	68	69	70	71	72			
			61	62	63	64	65	66			
			55	56	57	58	59	60			
			49	50	51	52	53	54			
37	38	39	40	41	42	43	44	45	46	47	48
25	26	27	28	29	30	31	32	33	34	35	36
13	14	15	16	17	18	19	20	21	22	23	24
01	02	03	04	05	06	07	08	09	10	11	12

⇧
A

图 3-3-15

注意事项

（1）雷阵只允许前后或左右移动，禁止斜向移动，禁止在雷阵道具上做任何标记。

（2）队员交流只能在项目实施准备过程中进行，项目实施过程中禁止任何声音交流。

盲人摸号

盲人摸号即团队所有队员在规定的时间内找回自己的团队，并按照号码大小排好。

训练目的

（1）使练习者感受计划的重要性及提高沟通能力。

（2）建立信息共享的有效方式。

（3）使练习者面对不断变化的环境，学会适应而不是抱怨。

（4）培养练习者通过团队协作，共创整体赢利意识。

（5）使练习者学会集思广益、分解压力、调节心理，体验稳中求进，在平衡中发展的感觉。

场地与器材

（1）环境幽雅、空旷的室外场地为宜，若没有，也可以用室内场馆代替。

（2）每人1副眼罩。

人员

全体人员参加，将队员划分成若干个由10～15人组成的小组。

训练方法　见图3-3-16

（1）同一团队的所有队员每人拥有一个固定编号，这些编号是从1开始连续的数字。

（2）团队所有队员在蒙着眼睛的情况下，从各自分散的地方重新集中。

（3）各队员分别找到自己的团队，并按各人相应的号码从大到小的顺序重新排列站位（号码只有本人清楚）。

注意事项

（1）团队所有队员不能通过视觉来观察外部活动进展情况。

（2）活动过程中，团队任何队员不可发出文字语言的符号。

（3）不要相互推搡，以防摔倒，发生踩踏。

（4）项目完成后，团队队员共同发出一种信号向培训师示意。

（5）必须在规定的时间内完成。

图 3—3—16

 漫步人生路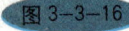

漫步人生路即团队所有队员在看不见、不允许说话的情况下走过一段艰辛的路程。

训练目的

（1）使练习者充分体验计划、信任与支持。

（2）在不能进行语言交流的情况下，学会利用其他功能进行补偿。

（3）建立信息共享的有效方式。

（4）使团队队员学会通过团队协作，共创整体赢利意识。

场地与器材

(1)环境幽雅、空旷的室外场地为宜,若没有,也可以由室内场馆代替。

(2)每人1副眼罩。

 **人员**

全体人员参加,将队员划分成若干个由10~15人组成的小组。

 **训练方法**　见图3-3-17

(1)团队队员蒙住眼睛。

(2)在看不见且不允许说话的情况下,依靠相互间的接触和肢体语言,全体队员共同走过一段艰辛的路程,由地点A移动至地点B。

图3-3-17

 注意事项

(1)要充分保证场地的平坦和安全性。

(2)在活动开始前,应启发练习者对交流方式的创造能力。

(3)必须在规定的时间内完成。

传真机即团队队员在不允许说话的情况下,通过其他方式,将数据从最后的队员一直往前传至前面的每一个队友。

训练目的

(1)使练习者体验团队默契配合及计划的重要性。

(2)建立信息共享的有效方式。

(3)使练习者面对不断变化的环境,学会适应而不是抱怨。

(4)使练习者学会通过团队协作,共创整体赢利的意识。

场地与器材

环境优雅、空旷的室外场地为宜,若没有,也可以由室内场馆代替。

人员

全体人员参加,将队员划分成若干个由8~12人组成的小组。

训练方法 见图3-3-18

(1)团队全体队员,背靠背排成一列。

(2)在不允许说话的情况下,每名队员均通过其他方式将数据传至前面的队友,一直往前直至最前面的队友。

图3-3-18

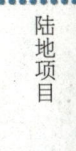

**注意事项**

（1）在活动开始前,应启发练习者对交流方式的创造能力。

（2）必须在规定的时间内完成。

**塞车**

塞车即团队所有队员利用中间空置的方格,以最少的步伐及最短的时间把左右两方的队员对调。

训练目的

（1）使练习者充分体验和发挥团队的合作精神,以寻求解决问题的最佳方法。

（2）体验团队冲突以及领导的重要作用。

（3）学会接受别人的意见和建议。

**场地与器材**

（1）环境幽雅、平坦的室外场地为宜,若没有,也可以由室内场馆代替。

（2）在地面上画比各队人数多一个的一条直线方格,每个方格的大小以能站一人为标准。

**人员**

全体人员参加,将队员划分成若干个由 10～15 人组成的小组。

训练方法 见图 3-3-19

（1）将全体队员分成两组,一组从左边最后的方格开始,依次每个人各站在一个方格内,另一组则从右边最后的方格开始,依次每个人各站在一个方格内,两组中间空出一个方格,两组队员相对而站。

（2）小组以最少的步伐及最短的时间把左右两组的队员对调。

图 3-3-19

（1）充分重视活动前的计划，以防止活动中产生忙乱。

（2）训练时应穿着运动服，不要佩戴硬物，防止运动损伤及其他伤害。

机器人即团队队员在看不见的情况下，通过团队的指引，克服一些障碍，最终完成任务。

（1）学会在合作中帮助他人，体会相互合作、配合，以及目标达成后的喜悦。

（2）在合作中尽快找到个人所长，并使其作用于团队，学会在合作中帮助他人。

（3）学习适应不同环境，设身处地为他人着想，学会换位思考。

（4）体验团队队员如何进行信息反馈。

（5）建立团队队员之间彼此的信任。

（6）使团队队员学会排除无效的信息干扰。

场地与器材

（1）环境幽雅、平坦的室外场地为宜，若没有，也可以由室内场馆代替。

（2）眼罩1副。

（3）椅子等设置的各种障碍及目标物。

人员

全体人员参加，将队员划分成若干个由10～15人组成的小组。

训练方法　见图3-3-20

（1）在团队全体队员中选出一个练习者。

（2）蒙着练习者的眼睛，由团队全体队员共同指挥，使其在场地里安全绕过各种障碍，找出指定的物品。

（3）团队其他队员不可以用语言引导。

（4）练习者需按照同伴指令行动，一旦接触到障碍物即为任务失败。

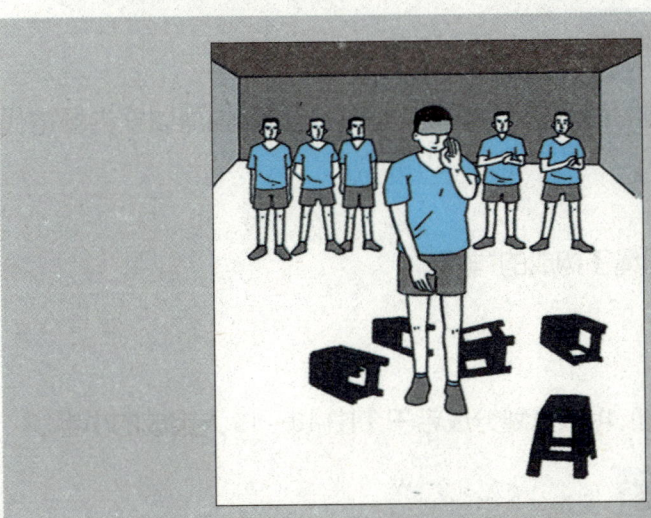

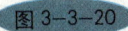

图3-3-20

注意事项

(1)不要用有锐利边角的设施设置障碍。

(2)活动时注意练习者的安全,不要被障碍碰伤或摔倒。

(3)团队队员在活动过程中不要大声喧哗。

牧羊即全体队员在看不见,且不允许用语言来沟通的情况下,通过其他方式集合所有队员到达同一地点。

拓展项目

训练目的

(1)充分体验沟通和领导的重要性。

(2)培养练习者在短时间内进行有效可行的团队决策的能力。

(3)锻炼跨部门以及不同角色队员之间的有效沟通。

(4)使练习者学会解决沟通障碍。

(5)使练习者学会在团队完成任务过程中,对意外情况的处理。

(6)培养练习者的领导能力。

场地与器材

(1)环境幽雅、平坦的室外场地为宜,若没有,也可以室内场馆代替。

(2)眼罩若干。

(3)用木桩和绳子构成的"羊圈"。

人员

全体人员参加,将队员划分成若干个由10～15人组成的小组。

训练方法 见图3-3-21

(1)将团队队员分为"牧羊犬"(哑人)和"牧羊"(盲人)。

（2）进行活动前的讨论，为时 5 分钟。

（3）在规定的时间内，"牧羊犬"运用团队事先确定的沟通代码指挥"牧羊犬"进入"羊圈"，并按照规定的位置进行分布。

图 3-3-21

（1）在项目实施过程中只能使用预先设计的代码进行沟通，不允许语言交流。

（2）培训师及时进行帮助，防止练习者由于看不见而受伤。

（3）在规定的时间内完成任务。

信任靠即团队队员在不允许用手撑地的情况下，通过合作使两个人同时站立起来。

（1）培养团队队员之间的信任与合作关系，使团队队员充分认识到相信自己、相信别人都同等重要。

（2）锻炼队员之间协调配合的能力。

（3）让练习者体会到团队的协作及个人在团队中的重要性。

环境幽雅、平坦的室外场地为宜,若没有,也可以室内场馆代替。

全体人员参加,将队员两两划分为一组。

 见图 3—3—22

（1）小组队员背靠背席地而坐。

（2）用肩部相互锁住手臂。

（3）听到指令后,在手不撑地的情况下,双双站起。

（4）按照站立速度快慢定输赢。

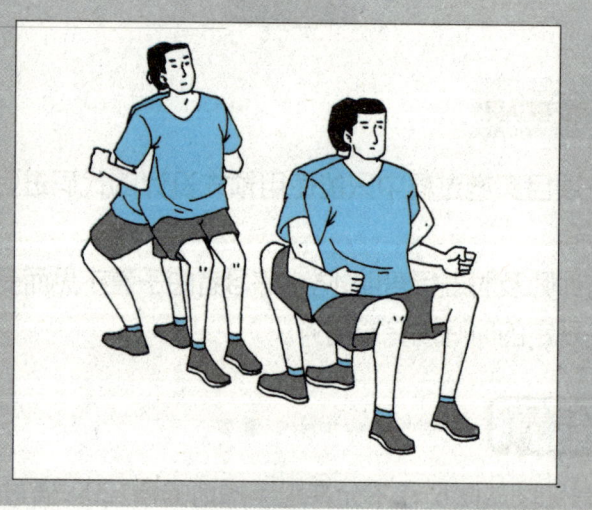

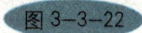

图 3—3—22

（1）注意听从口令。

（2）训练时应穿着运动服。

梅花桩

梅花桩即团队所有队员在保持连体的情况下,从 A 点到达 B 点。

训练目的

(1)使练习者感受到团队其他队员给予的支持和帮助,加强彼此间的沟通和信任。

(2)学会领导与执行、沟通与配合的能力。

(3)学会针对现实环境,做行动计划。

(4)培养团结一致、密切合作、克服困难的团队精神。

(5)突破自己的盲点,共同商议,建立解决问题的成功模式,促使团队队员共同完成目标。

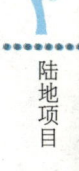

场地与器材

(1)环境幽雅、平坦的室外场地为宜,若没有,也可以室内场馆代替。

(2)围成约 6 平方米左右、圈状、高低不等、间距不等的梅花桩若干。

人员

全体人员参加,将队员划分成若干个由 10～15 人组成的小组。

训练方法　见图 3-3-23

(1)团队的所有队员在手拉手的条件下,从高低不一、距离不等的梅花桩上通过。

(2)所有队员必须在保持连成一体的情况下,从高 0.25 米的梅花桩上过起点、中点和终点的三个桩点后,才视为成功完成。

(3)活动过程中,任何队员的手不得断开或落地,如果中途有一个队员掉下来,就要重新开始。

图 3—3—23

注意事项

(1)梅花桩上禁止追逐打闹,防止摔伤。

(2)训练时应穿着运动服和运动鞋,身上禁止携带硬物。

救生圈接力

救生圈接力即团队队员用不同方式传递救生圈,进行团队间的比赛。

训练目的

(1)学会在合作中帮助他人,体会相互合作、配合以及目标达成后的喜悦。

(2)在合作中尽快找到个人所长,并使其作用于团队,学会在合作中帮助他人。

(3)学习适应不同环境。

(4)能够设身处地为他人着想,学会换位思考。

(5)锻炼练习者身体的协调性。

场地与器材

(1)环境幽雅、平坦的室外场地为宜,若没有,也可以室内场馆代替。

(2)救生圈 4 个。

人员

全体人员参加,人数不限,队员较多时,需要将全体队员划分成若干个由 10~12 人组成的小组。

训练方法　见图 3—3—24

(1)各组按照约距 1 米的距离排成一列纵队,排头手拿救生圈。

(2)听到开始口令后,从排头开始,将救生圈从头上穿进去,再从脚下出来,然后交给下一位对友进行接力比赛,如此一个接一个地轮过之后,再从最后一位队友开始,将救生圈从脚部穿进去,穿过头部之后,交给前面的队友继续接力比赛。

(3)时间短者获胜。

图 3—3—24

（1）本项目要求各组人数均等，若出现各组人数不同的情况，可请同一名练习者重复进行穿越救生圈的活动。

（2）训练时应着休闲装或运动服，衣服内禁止携带硬物或锐器。

一寸光阴一寸金

一寸光阴一寸金即使练习者通过剪绳子，体验时光流逝的紧迫感。

训练目的

（1）使练习者学会进行时间管理。

（2）使练习者了解计划的重要性。

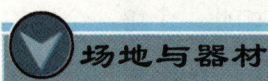
场地与器材

（1）环境幽雅、平坦的室外场地为宜，若没有，也可以室内场馆代替。

（2）细绳若干，细绳长度大约 40 寸（1 寸约等于 3.333 厘米）长。

（3）剪刀若干。

人员

全体人员参加，人数较多时可将全体队员分成 6～10 人一组。

训练方法　见表 3-3-1

（1）绳子的长度象征一个人的寿命，1 寸代表 1 年，正常人 1～20 岁和 60～80 岁都无法工作，人的一生真正能用于工作的可能只有 40 年的时间。

（2）以下是一个正常人的时间账目表。

（3）培训师可以根据以上的时间账目表，每发生一个项目，结合自身的实际情况，将原来的细绳剪掉相对应绳子的长度，也可以准备让练习者自己剪绳子，这样会使其对时间的流逝感触更深。

表 3-3-1

项目	每天耗时	40年耗时	结余
睡眠	8小时	13.3年	26.7年
一日三餐	2.5小时	4.2年	22.5年
交通	1.5小时	2.5年	20年
电话	1小时	1.7年	18.3年
看电视上网	3小时	5年	13.3年
看报、聊天	3小时	5年	8.8年
刷牙、洗脸、洗澡	1小时	1.7年	6.6年
休假、白日梦、闹情绪、身体不适	2小时	3.3年	3.3年

注意事项

培训师需将每一项时间消耗逐一扣除，切忌遗漏，以此来增强练习者对时光流逝的感受。

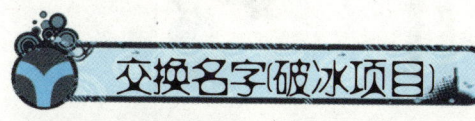
交换名字（破冰项目）

交换名字即利用交换名字的游戏，考验人们的适应性。

训练目的

（1）学习适应不同环境。
（2）能够设身处地为他人着想，学会换位思考。

场地与器材

环境幽雅、平坦的室外场地为宜，若没有，也可以室内场馆代替。

人员

全体人员参加,将全体队员分成 10 人一组比较合适。

训练方法 见图 3-3-25

(1)练习者围成一个圆圈席地而坐。

(2)围圆圈的时候,自己随即更换成右邻者的名字。

(3)以猜拳的方式来决定顺序,然后按顺序来提出问题。

(4)当培训师问及"张三先生,你今天早上几点起床?"时,真正的张三不可以回答,而必须由更换成张三的名字的人来回答:"今天早上我 7 点钟起床"等等,以此类推。

(5)当团队队员该回答却没有回答问题时,就要被淘汰。

(6)最后剩下的一个人为胜利者。

图 3-3-25

注意事项

若是临时组成或刚刚相识的团队,需在活动开始前进行团队队员的自我介绍,以便增进了解和促进活动的顺利开展。

**带球赛跑**

带球赛跑即若干小组同时进行，每小组由两名队员共同带球，从赛程起点跑至终点，再重回起点的竞速比赛。

**训练目的**

（1）使团队充满活力。

（2）显示合作的力量。

**场地与器材**

（1）宽阔平整的场地 1 块。

（2）每对参赛者 1 个气球，加上备用气球若干。

（3）两根绳子（用来标记赛跑的起点和终点）。

**人员**

人数不限，2 人一组。

训练方法　见图 3—3—26

（1）选一块宽阔平整的比赛场地，让每个队员找一个搭档，给每对搭档发一个气球。

（2）让每对搭档把自己的气球吹起来，缚住气嘴。

（3）用两根绳子分别在赛场上标记出赛跑的起点和终点，起点和终点的距离至少为 20 米。

（4）赛程是从起点跑到终点，再从终点跑回起点，第一个回到起点的小组获胜。

注意事项

（1）要自始至终保持气球完好无损，在赛跑的过程中不允许用手或胳膊拿气球，必须两人共同带球（不允许把球夹在一个人的腿上），赛跑的过程中气球不能被掉到地上，如果哪个小组犯规，该小组必须

回到起点,重新开始。

　　(2)培训师应留心每一位参赛者,有些人可能会全神贯注地照看气球,彻底忽视自身安全。

　　(3)要确保跑道上没有障碍物,以免绊倒参赛者。

　　(4)人多时可以 3 人一组带球。

　　(5)比赛开始前,给每个小组一定的计划时间(如 2 分钟)。

图 3-3-26

制造游戏

制造游戏即各小组利用现有道具,设计一种全新的游戏。

训练目的

　　(1)展示同心协力在工作中的作用。

　　(2)激发整个小组的创造性思维,培养创造精神。

　　(3)练习以小组为单位解决问题。

场地与器材

　　(1)1 个大球,诸如足球、篮球等。

(2)2 个小球,诸如网球之类均可。

(3)2 个扫帚把。

(4)3 段 3～6 米长的绳子。

(5)4 张 A3 纸。

人员

人数不限,当人数较多时,需要将队员划分成若干个由 5～7 人组成的小组。

训练方法 见图 3-3-27

(1)将队员划分成若干个由 5～7 个人组成的小组。

(2)给每个小组发游戏材料。

(3)让每个小组利用手中的材料,用 30 分钟的时间,设计出一个全新的游戏。

(4)30 分钟后,各个小组分别讲述自己设计的游戏。

(5)所有小组都讲述完毕后,大家共同选出最佳游戏,并一起来尝试这个最佳游戏。

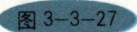
图 3-3-27

注意事项

（1）培训师应留心每个小组的每一位参赛者，确保参赛者的人身安全。

（2）要确保场地上没有障碍物，以免绊倒参赛者。

（3）可根据实际情况，变更道具中要求的材料。

法柜奇兵

小组队员全部从距地面1.5米左右高的绳子上面通过，且不能碰触绳子。

训练目的

（1）让所有队员都积极参与，共同迎接挑战。

（2）建立小组队员间的相互信任。

（3）让队员们能够自然地进行身体接触和配合，消除害羞和忸怩的心理。

场地与器材

（1）1根约6米长的绳子。

（2）选取两棵相距约5米，能承受一定重量的大树。

（3）装饰用的大橡胶蜘蛛。

人员

人数不限，当人数较多时，需要将队员划分成若干个由10～16人组成的小组。

训练方法 见图3-3-28

（1）在选好的两棵大树之间拉一根绳子，绳子距地面1.5米左右，注意要把绳子拉紧。

（2）将橡胶蜘蛛吊在绳子中间，用以烘托游戏气氛。

（3）整个小组的队员都要从绳子上面过去，而且绝对不能碰到绳子。

（4）如果有人在游戏过程中碰到了绳子，整个小组都必须重新开始。

图3-3-28

 注意事项

（1）注意观察每位队员的举动，同时仔细倾听，如果不加以限制的话，队员们可能会尝试各种方法，完全忘掉安全问题。

（2）不许助跑后从绳子上跳过去。

（3）如果需要加大游戏的难度，可以把一两名队员的眼睛蒙起来。

 打绳结

小组队员通过共同努力，用两手抓住绳子的两端，在不许松开的前提下，找到打出一个绳结的方法。

训练目的

（1）使队员们集中精力，开动脑筋。

（2）感受合作的力量。

场地与器材

（1）户外宽敞空地。

（2）一段约1米长的绳子。

人员

人数不限，当人数较多时，需要将队员划分成若干个由5～7人组成的小组。

训练方法　　见图3-3-29

（1）给每个小组发一根绳子。

（2）要求各小组合力用两手抓住绳子的两端，在不许松开的前提下，找到打出一个绳结的方法。

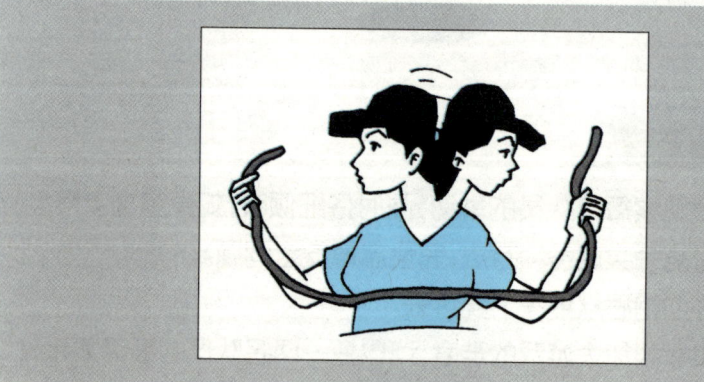

图3-3-29

注意事项

（1）如果动作不舒适，队员可进行调整，防止造成身体损伤。

（2）此游戏可以作为单人游戏。

小组 4 名队员在互相不能沟通的情况下，猜测自己所戴帽子的颜色，第一次正确的判断将决定小组的命运。

（1）培养团队精神。

（2）使队员们集中精力，开动脑筋。

（3）娱乐。

（4）让所有队员都积极参与，共同迎接挑战。

（1）两顶红帽子，两顶蓝帽子。

（2）4 个不透明的厚纸袋子。

（3）1 堵砖墙或是 1 棵大树（用来把 1 名队员和其他 3 名队员隔开）。

人数不限，当人数较多时，需要将队员划分成若干个由 4 人组成的小组。

 见图 3—3—30

（1）把 4 顶帽子分别放入 4 个纸袋子里，注意放的过程不要让队员们看见，在袋子上做好标记，以保证在发帽子时，给 1 号战俘一顶红帽子，2 号战俘一顶蓝帽子，3 号战俘一顶红帽子，4 号战俘一顶蓝帽子。

（2）每个小组的 4 名队员充当战俘，给每名战俘一个装有帽子的

纸袋,告诉他们得到命令之后才能打开纸袋,不得擅自开启。

（3）让 4 名战俘排队站好,1 号战俘站在砖墙或大树的后面,将被戴上一顶红帽子;2 号战俘站在砖墙或大树的另一侧,将被戴上一顶蓝帽子;3 号战俘站在 2 号战俘的后面,将被戴上一顶红帽子;4 号战俘站在 3 号战俘的后面,将被戴上一顶蓝帽子;4 名战俘站好后,告诉他们在任何情况下都不许说话和回头。

（4）请大家闭上眼睛,把帽子从袋子里拿出来,戴在头上,整个过程中,任何人都不许看自己的帽子。

（5）让小组各战俘猜出自己所戴帽子的颜色,如果每小组 4 名战俘中有人能说对自己所戴帽子的颜色,则此小组获得胜利,但是,如果第一个答案是错误的,则该小组失败。

图 3-3-30

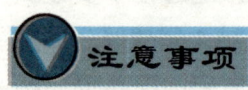 注意事项

（1）自觉遵守游戏规则。

（2）不要相互交流。

 艰难使命

小组队员在斜坡上利用已有道具,拿到坡下水桶,且水不溢出。

 训练目的

(1)展示同心协力的益处。

(2)培养团队精神。

(3)让所有队员都积极参与,共同迎接挑战。

 场地与器材

(1)1段约10米长、直径12毫米的绳子。

(2)1个约2.4米长的笤帚把(或类似尺寸的树枝)。

(3)1根约2.4米长、直径5厘米的竿子(或类似尺寸的树干)。

(4)1块4米长、截面为20厘米×5厘米的硬木板。

(5)1只装有半桶水的水桶。

(6)1段1.2米高的陡坡。

 人员

人数不限,当人数较多时,需要将队员划分成若干个由5~7人组成的小组。

 训练方法 见图3-3-31

(1)将队员划分成若干个由5~7人组成的小组,每组选一名志愿者做监护员。

(2)让各个小组站在陡坡上,把水桶放在他们不易拿到的地方。

(3)要求各小组只能利用所给的道具拿到水桶,并且不允许离开斜坡。

(4)游戏过程中,如果有人接触了陡坡下方的地面,立刻会被蒙上眼睛,只有按照要求拿到水桶,而且里面的水不溢出,才算成功。

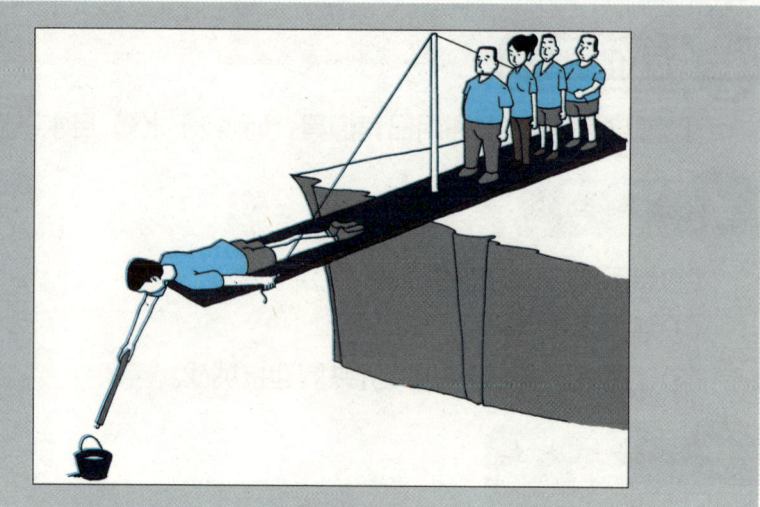

图 3-3-31

 注意事项

　　每小组选出的监护队员应密切观察游戏的进行情况,保证队员的安全。

 **碰碰车** ◆◆◆◆◆◆◆◆◆

　　一名骑手站在滑车上,被其他任意一名队员推动,以撞倒场地中心的网球桶,而骑手则利用绳索使滑车不碰倒网球筒。

 训练目的

　　(1)树立集体观念。
　　(2)让队员们能够自然地进行身体接触和配合,消除害羞和忸怩心理。
　　(3)培养团队合作精神。

 场地与器材

　　(1)体育馆或天花板上有地方系绳子的、木地板的会议室,或大树掩映下的停车场。

(2)1 根粗绳子,如果是在会议室里,要把这根绳子系在天花板上,如果是在体育馆里,可以直接利用爬绳。

(3)1 块厚度约为 20 毫米、边长为 45 厘米的正方形胶合板和一些结实的滚轴。

(4)1 个空网球筒。

(5)1 套防护服,包括头盔、手套、护膝、护肘。

 **人员**

要求 9～20 人参与。

 训练方法 见图 3-3-32

陆地项目

(1)按所备器材自制一辆小推车,即把滚轴装在胶合板的四个角上。

(2)让队员们以绳子为圆心站成一圈,相邻队员间的距离约一臂远。

(3)邀请一名志愿者站到圆圈内,让他穿好防护服,站到小滑车上。

(4)把准备好的空网球筒放在圆心处。

(5)等骑手穿好防护服、站到小车上之后,让他抓住绳子。

(6)圆周上队员的任务是站在原地不能移动,并利用小滑车撞倒这个网球筒,网球筒被撞倒的那一刻,骑手必须也在小滑车上。

(7)骑手的任务是尽量不让小滑车撞到网球筒,并通过手中的绳子控制小滑车并防止自己摔跤。

(8)随意选一名队员,让他走到圆心,把骑手和小滑车一起拉到自己原来所站的位置上,然后瞄准网球筒的方向,把骑手和小滑车一起推出去。

(9)重复步骤(8),直到网球筒被撞倒为止,骑手数一下自己一共被推了多少次。

图 3-3-32

 注意事项

（1）确保骑手身穿防护服参加游戏。

（2）留意推车手，防止有人推车时用力过猛。

 堆砌砖块

一名志愿者在隐蔽情况下，指导同伴用相同砖块堆砌已有模型，一次不准许同伴交流，一次准许同伴交流，比较两次结果。

 训练目的

（1）引导队员认识单向沟通的弊端。

（2）引导队员采用双向沟通完成任务。

 场地与器材

（1）两组完全相同的砖块或者木块，每组 50 块，最好将砖块涂上不同颜色，这样每组砖块都是五彩缤纷的（增加混乱度）。

（2）给每名队员准备 1 副手套（用来搬运砖块）。

人员

要求 5～7 人参加。

 训练方法 见图 3-3-33

（1）建好场地，将其中一组砖块构建的精细模型或物体，安置在队员们看不到的隔开区域；在隔开区听力所及范围的某个地方随意堆放另一组砖块，比如，在两棵树之间挂一个毯子隔开第一组砖块，就是一个好办法。

（2）选一名志愿者，让他和那组隐蔽的砖块待在一起，尽量不让他看到第二组砖块，志愿者的工作是发指令指导其他队友，建造一个和自己面前的模型完全相同的结构。

（3）只允许单向沟通，其他队友不能说话。

（4）给队员们分发手套，要求他们听从志愿者的指挥，当队员们按着志愿者的要求建造模型后，让大家观看后，比较两个模型。

（5）重复游戏，但这次允许双向沟通，队员可以提问，观察两个模型的外观，与上个游戏结果进行对比。

陆地项目

图 3-3-33

 **注意事项**

(1)注意不要让砖块砸到队员的脚趾。

(2)第一次游戏当有人提问时,立即阻止他们交流。

(3)训练时应穿运动服和运动鞋,不要随身携带硬物。

 **联体足球**

两人三足踢足球的游戏,培养队员相互合作的能力。

 **训练目的**

(1)使搭档之间以及团队各个队员之间协同工作。

(2)活跃团队气氛。

(3)让队员们能够自然地进行身体接触和配合,消除害羞和忸怩心理。

 **场地与器材**

(1)运动场(足球场或类似的场地)。

(2)每对搭档1段绳子或类似物件(用来绑两人的脚踝)。

(3)两段绳子或类似物件(用来捆绑1对搭档的腰)。

(4)1个足球(或类似物件)。

(5)1个口哨。

 **人员**

人数不限,如双数则平均分组,如单数则选1人做裁判助手。

 **训练方法** 见图3—3—34

(1)把整个团队分为人数相等的两组,如果总人数是奇数,让其中一人做裁判的助手。

(2)让队员们选择和自己身材相当的人,组内结对。

拓展项目

（3）让搭档们把各自的脚踝绑在一起。

（4）每组选一对搭档，背靠背站立，并把他俩的腰捆在一起，作为各队的守门员。

（5）解释规则，两队开展足球比赛，分上下半场，每个半场15分钟，半场结束时两队交换场地。

（6）比赛中队员们必须一直绑着脚踝，用三条腿踢球，按足球规则进行比赛。

图3—3—34

 **注意事项**

（1）让不想参加游戏的人做边线裁判。

（2）游戏开始之前，鼓励队员们捆绑脚踝后，练习跑动。

（3）可以让搭档中的一人戴上眼罩。

（4）下半场比赛时，可以把三个队员的脚踝捆绑在一起。

（5）训练时应穿着运动服和运动鞋，不要随身携带硬物。

 **月球散步**

团队队员两两一组，互相配合，使气球始终飘在空中，绕过障碍达

到终点的游戏。

 训练目的

（1）让整个团队参加到一个具有竞争性的游戏中来。

（2）活跃团队气氛。

 场地与器材

（1）选定1条设有障碍的路线（可以是绕过树木，从桌子旁边或下面通过，绕过篱笆或1块大草坪）。

（2）给每队准备两个气球，另外再多准备一些气球备用。

（3）1个口哨。

 人员

人数不限，两两结为搭档。

 训练方法　见图3-3-35

（1）让大家互相结为搭档。

（2）给每组搭档发两个气球，要求将其中一个气球充满气后扎口，另一个放进口袋备用。

（3）队员的任务是带着充气的气球，通过一个预先设有障碍的线路，哪组搭档最先到达终点，并且气球完好无损，即为获胜者。

（4）要求气球始终飘在空中，不允许队员手拿气球前行，如果气球落地，他们必须回到起点，重新开始，如果气球爆裂，他们只能待在原地，拿出备用气球将其充满气后，才能继续前进。

（5）如果队员边给气球吹气边前进，一经发现，必须回到起点，从头开始。

（6）吹响口哨，游戏开始。

图 3—3—35

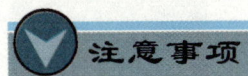 **注意事项**

(1)由于队员一直仰望气球,因此务必保证地面上没有绊脚的东西。

(2)训练时应穿着运动服和运动鞋,不要随身携带硬物。

 **透支**

透支即参与队员用两只手抓住两脚,跳跃绳线的游戏。

 **训练目的**

(1)挑战自我,体验成功与失败的感觉。

(2)克服困难。

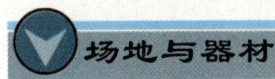 **场地与器材**

(1)1 块平整的场地。

(2)1 段直径 12 毫米的绳子。

人员

人数不限。

见图 3—3—36

（1）把绳子拉直后放在地上。

（2）队员们在距绳子 30 厘米处站立。

（3）让队员下蹲，两手分别紧握脚后跟。

（4）任务是跳跃通过绳子，且手脚不能松开，只能向前跳跃，不能滚动或者倒下，同时两手紧握两脚，不能放松。

图 3—3—36

（1）保证地面上没有硬物。

（2）训练时应穿着运动服和运动鞋。

命悬一线

团队全部队员逐一抓住悬在空中的绳子,荡到晃动区的各处圆木板上,不准踩地。

训练目的

(1)使练习者协同工作,提高团队合作和沟通能力。

(2)提高团队解决问题的能力。

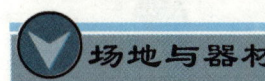 场地与器材

(1)1 棵较粗壮的大树,用来悬挂绳子。

(2)1 条结实的长绳(绳子能拉起最重的队员)。

(3)1 根长木杆或绳子(代表山洞入口)。

(4)每人 1 块直径约 30 厘米的圆胶木板。

 人员

人数约为 24 人以上。

训练方法　见图 3-3-37

(1)游戏开始之前要准备好场地,首先把绳子系在大树的枝杈上(确保枝杈足以承重),绳子垂下来,恰好落在将要搭建的"山洞入口"处。

(2)把绳子系好后,找到大家习惯的方向,从这一侧摆动绳子。

(3)在这一侧的地上,横置一根长杆或绳子代表山洞入口,最好在地上立两个标桩,把绳子两端分别系在标桩上,拉紧。

(4)把所有的圆木板放在地上,让它们全部分布在绳子的晃动区内。

(5)让一名队员首先要抓住悬在洞顶上的绳子,荡到晃动区内,落在原木板上,不能踩地。

(6)任何人踩地,全队都需要从头再来。

图 3-3-37

注意事项

(1)通常情况不允许在悬挂的绳子上打结,但是如果队员坚持这样做,或者他们年龄较小时,可以考虑在绳子末端打一个结,距地面1米左右,这样他们就可以用两腿夹住绳结,比较容易地摆过去。

(2)如果参加人数超过24人,让多余的人做监护员或者再建一个游戏场地。

(3)限制游戏时间,从第一个人落到木板上开始计时,15分钟结束。

(4)可以采用体育馆内的爬绳,在室内开展此类游戏。

禁止触摸

小组队员共同思考,利用现有工具从管子中取出乒乓球。

训练目的

(1)激发队员的创造性思维。

(2)队员配合工作,展现同心协力的益处。

(3)倡导多角度思考问题。

场地与器材

(1)1 段约 30 厘米长的管子,管子的内径比乒乓球略大些。

(2)1 个乒乓球、1 个较大的活动扳手、1 把木工锯、1 团绳子、1 小瓶蜂蜜、两张能写字的纸、两支钢笔、1 个放大镜、1 听未开封的软饮料、1 个塑料防雨屏风、1 个网球、两卷卫生纸、1 瓶未开封的酒、两个瓷杯子、4 个新气球、两枚生鸡蛋、1 株小辣椒树。

人员

人数不限,当人数较多时,最好将队员划分成若干个由 5~7 人组成的小组。

训练方法   见图 3-3-38

(1)替各组把管子埋在地上,扶直,管子的地上部分长约 25 厘米。

(2)向各组展示埋在地上的管子。

(3)每个管道里放一个乒乓球。

(4)让各组尽量想出多种办法取出乒乓球,但不能破坏乒乓球、管子和地面,只能利用上述道具完成任务。

陆地项目

注意事项

（1）游戏结束后把管子移走，以防绊倒人。

（2）如果想在固定场地上多次开展游戏，可以把管子固定在地面上，每次做完游戏后把管子盖起来，以防绊倒人。

（3）可以让队员先独自想办法，然后再组成小组共同完成任务。

拓展项目

图 3—3—38

　◆◆◆◆◆◆◆◆◆

小组队员共同协作，控制圆环取得胜利。

（1）使队员精力充沛，活跃团队气氛。

(2)激发队员的创造性思维。

(3)增强团队合作能力。

(1)1 处宽敞的运动场。

(2)给每名队员准备 1 条头巾或 1 个臂章(两组数目相同、颜色不同的头巾或臂章)。

(3)1 块秒表。

(4)1 个圆环(或其他类似的东西)。

人数不限,分成两组人数相同的小组。

见图 3-3-39

(1)把整个团队分成两个人数相同的小组,如果总人数是奇数,可以让一个人做裁判员(即培训师)的助手。

(2)给每组发一套头巾或臂章。

(3)规定运动场的边界。

(4)裁判员把圆环抛向空中,比赛开始,哪个组总的控环时间先达到 30 秒,便可获胜。

(5)第一个抓住圆环的队员享有控环权,如果他被紧跟其后的对手抓到时,必须立即停止前进,一秒钟之内把环传给自己的队友,如果一秒钟后他还未把环传出去,裁判员就把圆环拿走,游戏重新开始;如果两个对手都抓到了圆环,裁判员也需要重新向空中抛环,开始游戏。

(6) 当一个组的控环时间接近 30 秒时,裁判员要大声数数——"5、4、3、2、1",让另一组明白他们需要快速跑动,控制圆环。

图 3—3—39

（1）圆环或类似的东西不能太硬，它击中人时不应造成太大的伤害，可以用网球或其他冲击力小的小球代替。

（2）根据运动场的大小，可变换 30 秒的控球时间。

（3）如果没有头巾或臂章，可以采用其他方式区别两个组，比如队员们的衬衣、头发的颜色或者看他们的衣袖是卷上去的还是放下来的等。

小组队员共同协作，将"旅行者"高举头顶，传递至队尾。

（1）增进团队信任，充任体验人多力量大的理念。

（2）使队员们发扬团队精神，协同工作。

（3）让队员们能够自然地进行身体接触和配合，消除害羞和忸怩心理。

场地与器材

（1）平整的场地1块。

（2）1块秒表。

人员

人数不限，但应保证至少20人左右。

训练方法 见图3-3-40

（1）选择一名队员作为旅行者。

（2）团队其余队员平均分两列纵队站立，两列队员要肩并肩站齐，彼此尽量靠近，如果剩余队员总数是奇数，让其中一名队员做培训师的助手。

（3）队员们把这位"旅行者"举过头顶，沿他们排成的两列纵队，传送到队尾。

（4）当"旅行者"到达队尾，后面几名队员举着他的身体下落时，应保证他的两脚安全着地。

图3-3-40

（1）根据参加游戏的团队组成状况，必要时多安排一些监护员。

（2）如果参加人数较少，让队列前面的队员传送"旅行者"后，立即移动到队尾，把"旅行者"转移到预定地点。

（3）训练时应穿着运动服，不许携带硬物。

拓展项目